2016年版

# 中検3級
# 試験問題

[第86・87・88回]
解答と解説

一般財団法人
日本中国語検定協会 編

白帝社

## まえがき

　私たちの協会はこれまで各回の試験が終わるごとに級別に試験問題の「解答解説」を発行し，また年度ごとに3回の試験問題と解答解説を合訂した「年度版」を公表してきました。これらは検定試験受験者だけでなく，広く中国語学習者や中国語教育に携わる先生方からも，大きな歓迎を受けてきましたが，ただ主として予約による直接購入制であったため，入手しにくいので一般の書店でも購入できるようにしてほしいという声が多く受験者や学習者から寄せられていました。

　その要望に応えるため，各回版と年度版のうち，「年度版」の発行を2013年度実施分より中国語テキストや参考書の発行に長い歴史と実績を有する白帝社に委ねることにしました。「各回版」の方は速報性が求められ，試験終了後直ちに発行しなければならないという制約を有するため，なお当面はこれまでどおり協会が発行し，直接取り扱うこととします。

　本書の内容は，回ごとに出題委員会が作成する解答と解説に準じていますが，各回版刊行後に気づいた不備や，回ごとの解説の粗密や記述体裁の不統一を調整するとともに，問題ごとに出題のねらいや正解を導くための手順を詳しく示すなど，より学習しやすいものになるよう配慮しました。

　本書を丹念に読むことによって，自らの中国語学習における不十分なところを発見し，新しい学習方向を定めるのに役立つものと信じています。中国語学習者のみなさんが，受験準備のためだけでなく，自らの学力を確認するための目安として本書を有効に活用し，学習効果の向上を図られることを願っています。

2016年5月

一般財団法人　日本中国検定協会

# 本書について

　本書は，日本中国語検定協会が 2015 年度に実施した第 86 回（2015 年 6 月），第 87 回（2015 年 11 月），第 88 回（2016 年 3 月）中国語検定試験の問題とそれに対する解答と解説を，実施回ごとに分けて収め，リスニング問題の音声を付属 CD-ROM に収録したものです。

## 問　題

・試験会場で配布される状態のものに，付属 CD-ROM にある音声のトラック番号を ❸ のように加えています。ただし，会場での受験上の注意を収録した各回のトラック 01，02，44 は記していません。

## 解答と解説

・問題の最初に，出題のポイントや正解を導くための手順を簡潔に示しています。
・4 択式の解答は白抜き数字❶❷❸❹で，記述式の解答は太字で示しています。解説は問題ごとに▨▨内に示しています。
・長文問題の右側の数字は，5 行ごとの行数を示しています。
・リスニングの長文聴解や，筆記の長文読解の文章中の解答部分，あるいは解答を導く手掛かりとなる箇所には破線＿＿＿のアンダーラインを施しています。
・準 4 級・4 級・3 級の問題文と選択肢の文すべて（一部誤答は除く）にピンインと日本語訳例を付し，リスニング問題にはピンインと漢字表記および日本語訳を付けています。
・ピンイン表記は原則として《现代汉语词典 第 6 版》に従っていますが，"不""一"の声調は変調したものを示しています。
　"没有"は動詞は méiyǒu，副詞は méiyou のように表記しています。
　軽声と非軽声の 2 通りの発音がある場合は，原則として軽声の方を採用しています。例："打算 dǎ·suàn" は dǎsuan，"父亲 fù·qīn" は fùqin，"因为 yīn·wèi" は yīnwei。
　方向補語は次の例のように表記しています。

i

動詞"起"が方向補語"来"を伴う場合の可能・不可能形："来"は非軽声。
  起来 qǐlai  ⇨ 起得来 qǐdelái  起不来 qǐbulái
  （起き上がる）   （起き上がれる） （起き上がれない）

動詞"赶"が方向補語"上"を伴う場合の可能・不可能形："来"は非軽声。
  赶上 gǎnshang  ⇨ 赶得上 gǎndeshàng 赶不上 gǎnbushàng
  （追いつく）    （追いつける）  （追いつけない）

複合方向補語"起来"を伴う動詞"拿"の可能・不可能形："起来"は非軽声。
  拿起来 náqilai  ⇨ 拿得起来 nádeqǐlái 拿不起来 nábuqǐlái
  （手に取る）    （手に取れる）  （手に取れない）

複合方向補語"起来"の"起"と"来"の間に目的語が置かれる場合："起"は非軽声，"来"は軽声。
  拿起书来 náqǐ shū lai ⇨ 拿得起书来 nádeqǐ shū lai
  （本を手に取る）   （本を手に取れる）
           拿不起书来 nábuqǐ shū lai
           （本を手に取れない）

"上来、上去、下来、下去、出来、出去"等はすべて上の例にならう。

・品詞名，術語の略称は次のとおりです。

  名　名詞   動　動詞   形　形容詞
  代　代詞   量　量詞（助数詞） 助動　助動詞
  副　副詞   介　介詞（前置詞） 接　接続詞
  助　助詞
  擬　擬声語   慣　慣用句   諺　ことわざ

中国語の"状语"は状況語（連用修飾語），"定语"は限定語（連体修飾語）としています。

・音声のトラック番号は，03 のように示し，繰り返しのものを割愛しています。

解答用紙見本

・巻末にマークシート式の解答用紙の見本（70％縮小）があります。記入欄を間違えないように，解答欄の並び方を確認しましょう。

付属 CD-ROM

・リスニング問題の音声が収録されています。会場での受験上の説明を収めた各回のトラック 01，02，44 も収録されていますが，本書の「問題」部分にはトラック番号を記していません。
・音声は MP3 形式で収録しており，パソコンで再生します。
・デジタルオーディオプレーヤーやスマートフォンに転送して再生することもできます。各機器とソフトに関する技術的なご質問は，各メーカーにお願いいたします。
・CD プレーヤー（MP3 形式に対応するものを含む）をご利用の場合は，CD に収録したものにお取り替えしますので，付属 CD-ROM を下記までお送りください。折り返し CD をお送りします。

〒171-0014　東京都豊島区池袋 2-65-1
　　白帝社　中検 CD 交換係

目　次

第 86 回（2015 年 6 月）
　　問　題
　　　　リスニング……………………………………………………………… 2
　　　　筆　記…………………………………………………………………… 6
　　解答と解説
　　　　リスニング……………………………………………………………… 13
　　　　筆　記…………………………………………………………………… 25

第 87 回（2015 年 11 月）
　　問　題
　　　　リスニング……………………………………………………………… 38
　　　　筆　記…………………………………………………………………… 42
　　解答と解説
　　　　リスニング……………………………………………………………… 48
　　　　筆　記…………………………………………………………………… 60

第 88 回（2016 年 3 月）
　　問　題
　　　　リスニング……………………………………………………………… 74
　　　　筆　記…………………………………………………………………… 78
　　解答と解説
　　　　リスニング……………………………………………………………… 84
　　　　筆　記…………………………………………………………………… 97

●補充練習帳
　　2 音節語の声調の組み合わせ…………………………………………… 120
　　複文のまとめ……………………………………………………………… 112
　　日文中訳問題ワンポイント・アドバイス……………………………… 119

中国語検定試験について……………………………………………………… 122
試験結果データ………………………………………………………………… 126

解答用紙見本

# 第86回
(2015年6月)

## 問 題
リスニング ················· 2
筆 記 ················· 6
  解答時間：計100分
  配点：リスニング100点, 筆記100点

## 解答と解説
リスニング ················· 13
筆 記 ················· 25

| リスニング | (⇨解答と解説13頁) |

03 **1** 1. (1)～(5)の中国語の問いを聞き，答えとして最も適当なものを，それぞれ①～④の中から１つ選び，その番号を解答欄にマークしなさい。 (25点)

04 (1)

　　① 　　② 　　③ 　　④

05 (2)

　　① 　　② 　　③ 　　④

06 (3)

　　① 　　② 　　③ 　　④

07 (4)

　　① 　　② 　　③ 　　④

08 (5)

　　① 　　② 　　③ 　　④

2. (6)〜(10)のAとBの対話を聞き，Bの発話に続くAのことばとして最も適当なものを，それぞれ①〜④の中から1つ選び，その番号を解答欄にマークしなさい。

(25点)

(6)
① ② ③ ④

(7)
① ② ③ ④

(8)
① ② ③ ④

(9)
① ② ③ ④

(10)
① ② ③ ④

15 ② 中国語を聞き，(1)～(10)の問いの答えとして最も適当なものを，それぞれ①～④の中から1つ選び，その番号を解答欄にマークしなさい。　　　　　　　　　(50点)

16　メモ欄
23



17
24




(1)～(5)の問いは音声のみで，文字の印刷はありません。

18　(1)
25　　①　　　　　　　②　　　　　　　③　　　　　　　④

19　(2)
26　　①　　　　　　　②　　　　　　　③　　　　　　　④

20　(3)
27　　①　　　　　　　②　　　　　　　③　　　　　　　④

21　(4)
28　　①　　　　　　　②　　　　　　　③　　　　　　　④

22　(5)
29　　①　　　　　　　②　　　　　　　③　　　　　　　④

メモ欄

第86回 問題 〔リスニング〕

(6) 小冬今天是几点放学的？
　　① 　　　② 　　　③ 　　　④

(7) 小冬放学回到家的时候，妈妈在干什么？
　　① 　　　② 　　　③ 　　　④

(8) 小冬是在哪儿做作业的？
　　① 　　　② 　　　③ 　　　④

(9) 小冬在同学家干什么了？
　　① 　　　② 　　　③ 　　　④

(10) 爸爸今天为什么不回家吃晚饭？
　　① 　　　② 　　　③ 　　　④

**筆 記** （⇨解答と解説25頁）

**1** 1. (1)～(5)の中国語と声調の組み合わせが同じものを，それぞれ①～④の中から1つ選び，その番号を解答欄にマークしなさい。
(10点)

(1) 音乐　　　① 奇怪　　　② 交通　　　③ 新闻　　　④ 希望

(2) 爱好　　　① 电影　　　② 练习　　　③ 重要　　　④ 汽车

(3) 和平　　　① 红茶　　　② 声音　　　③ 毛衣　　　④ 经营

(4) 领带　　　① 雨伞　　　② 马路　　　③ 国际　　　④ 首都

(5) 解决　　　① 午饭　　　② 欢迎　　　③ 长城　　　④ 网球

2. (6)～(10)の中国語の正しいピンイン表記を，それぞれ①～④の中から1つ選び，その番号を解答欄にマークしなさい。
(10点)

(6) 结婚　　　① jiáhūn　　　② jiáfēn　　　③ jiéhūn　　　④ jiéfēn

(7) 安全　　　① ānjuān　　　② ānquán　　　③ ànjuān　　　④ ànquán

(8) 跑步　　　① páobù　　　② bǎobū　　　③ báobū　　　④ pǎobù

(9) 愉快　　　① yúkuà　　　② rúkuà　　　③ yúkuài　　　④ rúkuài

(10) 污染　　　① wùrǎn　　　② wūshǎn　　　③ wūrǎn　　　④ wùshǎn

**2** (1)～(10)の中国語の空欄を埋めるのに最も適当なものを，それぞれ①～④の中から1つ選び，その番号を解答欄にマークしなさい。 (20点)

(1) 房间里只有一（　　）桌子。
　① 条　　　　② 台　　　　③ 把　　　　④ 张

(2) 这个房子（　　）小，我不想买。
　① 一点儿　　② 有点儿　　③ 一会儿　　④ 一下

(3) （　　）努力，就一定能学好汉语。
　① 只要　　② 只有　　③ 虽然　　④ 因为

(4) 我想（　　）促进两国文化交流做贡献。
　① 往　　　② 向　　　③ 为　　　④ 对

(5) 在这个超市里什么东西（　　）能买到。
　① 却　　　② 还　　　③ 再　　　④ 都

(6) 请（　　）自己的名字写在黑板上。
　① 给　　　② 跟　　　③ 把　　　④ 往

(7) 外边儿的雨（　　）下（　　）大了。
　① 又…又…　② 或…或…　③ 边…边…　④ 越…越…

(8) 这篇文章虽然不长，（　　）内容很丰富。
　① 尽管　　② 而且　　③ 但是　　④ 所以

(9) 春天到了，天气渐渐地暖和（　　）了。
　① 上来　　② 起来　　③ 出来　　④ 下来

(10) 她（　　）会唱歌，而且还会跳舞。
　① 不管　　② 不但　　③ 不如　　④ 不论

3  1. (1)〜(5)の日本語の意味に合う中国語を，それぞれ①〜④の中から1つ選び，その番号を解答欄にマークしなさい。　　　　　　　　　　　　　　　(10点)

(1) これからはもう二度と寝坊してはいけませんよ。
    ① 以后别再睡懒觉了。
    ② 以后再懒觉别睡了。
    ③ 以后别睡再懒觉了。
    ④ 以后别懒觉再睡了。

(2) こんなにたくさんの仕事をわたし一人ではやりきれません。
    ① 这么多的工作我不一个人干了。
    ② 这么多的工作我一个人干不了。
    ③ 这么多的工作我干不了一个人。
    ④ 这么多的工作我一个人不干了。

(3) 両親はわたしをアメリカへ留学させたがっています。
    ① 父母想让我美国去留学。
    ② 父母让想我去美国留学。
    ③ 父母想我让美国留学去。
    ④ 父母想让我去美国留学。

(4) 彼は1か月に1冊しか本を読みません。
    ① 他一个月只看书一本。
    ② 他看一个月只书一本。
    ③ 他一个月只一本看书。
    ④ 他一个月只看一本书。

(5) わたしは晩ごはんを食べてからお風呂に入るつもりです。
    ① 我打算吃了晚饭再洗澡。
    ② 我打算了吃晚饭再洗澡。
    ③ 我打算吃晚饭再洗澡了。
    ④ 我打算再吃晚饭了洗澡。

2. (6)〜(10)の日本語の意味になるように，それぞれ①〜④を並べ替えたとき，[　]内に入るものはどれか，その番号を解答欄にマークしなさい。　　　　　　　　　（10点）

(6) 夏休みまであとどのくらいですか。

　　　[　　　] ＿＿＿＿ ＿＿＿＿ ＿＿＿＿ ？

　　　① 还有　　　② 放暑假　　　③ 离　　　④ 多长时间

(7) わたしの携帯電話は妹に壊されてしまいました。

　　　我的手机 [　　　] ＿＿＿＿ ＿＿＿＿ ＿＿＿＿ 。

　　　① 妹妹　　　② 了　　　③ 弄坏　　　④ 被

(8) フランス語はわたしは一言も話せません。

　　　法语我 [　　　] ＿＿＿＿ ＿＿＿＿ ＿＿＿＿ 。

　　　① 不会说　　　② 一句　　　③ 连　　　④ 也

(9) 彼はいま車を買うお金はありません。

　　　他现在 ＿＿＿＿ [　　　] ＿＿＿＿ ＿＿＿＿ 。

　　　① 汽车　　　② 买　　　③ 没有　　　④ 钱

(10) 彼は毎日歩いて駅へ行きます。

　　　他每天 [　　　] ＿＿＿＿ ＿＿＿＿ ＿＿＿＿ 。

　　　① 去　　　② 走　　　③ 车站　　　④ 着

4 次の文章を読み，(1)～(6)の問いの答えとして最も適当なものを，それぞれ①～④の中から1つ選び，その番号を解答欄にマークしなさい。　　　　　　(20点)

上个世纪七十年代末，高仓健主演的电影《追捕》在中国上映了。 (1) 中国媒体的统计，大约有8亿中国人看过这部电影。那时，有很多中国人都是高仓健的粉丝，后来成为中国著名导演的张艺谋就是其中的一位。

当时，张艺谋生活在一个边远的城镇，是纺织厂的一名普通工人。正是因为看了高仓健演的电影，张艺谋 (2) 下决心要做一名电影工作者。就在那一年，他考入了北京电影学院。

张艺谋曾经有个梦想： (3) 有机会，一定跟高仓健合作拍一部电影。有一次，张艺谋邀请高仓健出演一部武打战争影片的主角，但没想到高仓健 (4) 看剧本 (4) 拒绝了，"我现在希望演那种表达人与人之间真实情感的角色，对战争类的影片，我不感兴趣。"听了高仓健这番话，张艺谋感到自己的想法太肤浅，对高仓健更加崇敬了。

后来，张艺谋用了5年半的时间终于找到一个合适的题材，邀请高仓健合作拍摄了《千里走单骑》这部电影，实现了他的梦想。张艺谋回忆起那时的情景，感动地说："他这么大年龄，整天都跟我们一起忙工作。 (5) 工作到深夜 (5) 没有一句怨言。"

张艺谋评价高仓健说："他不仅是我的偶像，也是我们这一代人的偶像。我在他身上学到很多做人的道理。"

(1) 空欄(1)を埋めるのに適当なものは，次のどれか。
　① 对于　　　② 为了　　　③ 根据　　　④ 关于

(2) 空欄(2)を埋めるのに適当なものは，次のどれか。
　① 刚　　　　② 才　　　　③ 能　　　　④ 再

(3) 空欄(3)を埋めるのに適当なものは，次のどれか。
　① 既然　　　② 虽然　　　③ 即使　　　④ 要是

(4) 2か所の空欄(4)を埋めるのに適当なものは，次のどれか。
   ① 只要…就…
   ② 一…就…
   ③ 既…又…
   ④ 只有…才…

(5) 2か所の空欄(5)を埋めるのに適当なものは，次のどれか。
   ① 即使…也…
   ② 不管…都…
   ③ 因为…所以…
   ④ 既然…就…

(6) 本文の内容と一致するものは，次のどれか。
   ① 张艺谋是上世纪七十年代的著名导演。
   ② 张艺谋从来没有想过要跟高仓健合作。
   ③ 高仓健出演过一部张艺谋导演的电影。
   ④ 高仓健拒绝出演让张艺谋感到不高兴。

5 (1)〜(5)の日本語を中国語に訳し，漢字（簡体字）で解答欄に書きなさい。
（漢字は崩したり略したりせずに書き，文中・文末には句読点や疑問符をつけること。）

(20点)

(1) あのレストランの料理は安くておいしい。

(2) 値段が高いから，わたしは買いませんでした。

(3) 彼は友達に電話をかけているところです。

(4) 姉はわたしより3歳年上です。

(5) このお菓子はどうやって作ったのですか。

## リスニング

### 1

解答：1. (1) ❸ (2) ❶ (3) ❸ (4) ❷ (5) ❹　2. (6) ❷ (7) ❹ (8) ❷ (9) ❶ (10) ❷

1. 一問一答：日常会話のなかでよく使われる問いの文に対して正確に答えることができるかどうかが問われています。

(5点×5)

04 (1) 問：你是从什么时候开始学日语的？　Nǐ shì cóng shénme shíhou kāishǐ xué Rìyǔ de?
あなたはいつから日本語を勉強し始めたのですか。

答：① 我从七点半开始上课。
Wǒ cóng qī diǎn bàn kāishǐ shàngkè.
わたしは7時半から授業が始まります。

② 我准备毕业以后再学。
Wǒ zhǔnbèi bìyè yǐhòu zài xué.
わたしは卒業してから勉強するつもりです。

❸ 我从高中一年级开始学的。Wǒ cóng gāozhōng yī niánjí kāishǐ xué de.
わたしは高校1年生の時から勉強し始めました。

④ 我现在刚上大学一年级。
Wǒ xiànzài gāng shàng dàxué yī niánjí.
わたしは大学1年生になったばかりです。

「いつから日本語を勉強し始めたのか」という質問に答えているのは③です。①は授業が始まる時間を，②はこれからの計画を，④は大学生になったばかりだと答えており，いずれも質問に対する答えになっていません。

05 (2) 問：你讲得太快了，我没听清楚。　Nǐ jiǎngde tài kuài le, wǒ méi tīngqīngchu.
あなたは話すのが速すぎて，わたしはよく聞き取れませんでした。

答：❶ 那我再说一遍。
Nà wǒ zài shuō yí biàn.
それではもう1度話しましょう。

② 那我再做一遍。
Nà wǒ zài zuò yí biàn.
それではもう1度やりましょう。

③ 那我再听一遍。
Nà wǒ zài tīng yí biàn.
それではもう1度聞きましょう。

④ 那我再看一遍。
Nà wǒ zài kàn yí biàn.
それではもう1度見ましょう。

13

相手に"没听清楚"と言われたので，"那"(圀それでは)に続く言葉としては①が適切です。②③④はいずれも動詞が不適切です。

06 (3) 問：你家离车站有多远？ あなたの家は駅からどのくらい離
Nǐ jiā lí chēzhàn yǒu duō yuǎn? れていますか。

答：① 有四百公斤左右。 400キログラムくらいです。
Yǒu sìbǎi gōngjīn zuǒyòu.

② 要四百年左右。 400年くらいかかります。
Yào sìbǎi nián zuǒyòu.

❸ 有四百米左右。 400メートルくらいです。
Yǒu sìbǎi mǐ zuǒyòu.

④ 要四百元左右。 400元くらいかかります。
Yào sìbǎi yuán zuǒyòu.

家と駅との距離を聞いているのですから，"四百米"(400メートル)と答えている③が正解です。①の重さ，②の時間，④の金額では距離を尋ねた質問に対する答えになっていません。

07 (4) 問：你觉得这家餐厅的菜便宜吗？ あなたはこのレストランの
Nǐ juéde zhè jiā cāntīng de cài piányi ma? 料理は安いと思いますか。

答：① 我觉得在这儿吃饭很方便。 わたしはここで食事をする
Wǒ juéde zài zhèr chī fàn hěn fāngbiàn. のは便利だと思います。

❷ 我觉得这儿的菜有点儿贵。 わたしはここの料理は少し
Wǒ juéde zhèr de cài yǒudiǎnr guì. 高いと思います。

③ 我觉得这儿的菜有点儿辣。 わたしはここの料理は少し
Wǒ juéde zhèr de cài yǒudiǎnr là. 辛いと思います。

④ 我觉得这儿的菜很好吃。 わたしはここの料理はおい
Wǒ juéde zhèr de cài hěn hǎochī. しいと思います。

「値段が安いと思うか」と聞かれているのですから，その答えとしては②"有点儿贵"(少し高い)が適切です。①の「便利だ」や，③④の味について答えるのは不適切です。

08 (5) 問：这个星期天，你打算干什么？ 今度の日曜日，あなたは何をす
Zhège xīngqītiān, nǐ dǎsuan gàn shénme? るつもりですか。

答：① 我身体有点儿不舒服。
　　　Wǒ shēntǐ yǒudiǎnr bù shūfu.
　　　わたしは体調が少々すぐれません。

② 我想一毕业就找工作。
　　Wǒ xiǎng yí bìyè jiù zhǎo gōngzuò.
　　わたしは卒業したらすぐ仕事を見つけようと思っています。

③ 我上星期去超市买菜了。
　　Wǒ shàng xīngqī qù chāoshì mǎi cài le.
　　わたしは先週スーパーへ食材を買いに行きました。

❹ 我想在家里看看书。
　　Wǒ xiǎng zài jiāli kànkan shū.
　　わたしは家で本を読もうと思っています。

"打算干什么？"に対する適切な答えは④です。①の体調、②の卒業後の計画は今度の日曜日の予定に関する質問の答えとしては不適切です。③も先週の出来事を述べているので、答えとしては不適切です。

2. 二人三話：（ＡＢ２人の問答に続く２回目のＡの発話を選びます。）問いと答えだけで終わるのではなく、相手の答えに対してもう一度反応を示すことができるかどうかを問うています。
　　　　　　　　　　　　　　　　　　　　　　　　　　　　　　　　（5点×5）

(6) Ａ：我昨天给女儿买了一条裙子。
　　　Wǒ zuótiān gěi nǚ'ér mǎile yì tiáo qúnzi.
　　　わたしはきのう娘にスカートを１枚買ってやりました。

Ｂ：是吗？你买了一条什么颜色的？
　　Shì ma? Nǐ mǎile yì tiáo shénme yánsè de?
　　そうですか。どんな色のを買ったのですか。

Ａ：① 我是在一家商场买的。
　　　Wǒ shì zài yì jiā shāngchǎng mǎi de.
　　　わたしはデパートで買ったのです。

❷ 我买了一条红裙子。
　　Wǒ mǎile yì tiáo hóng qúnzi.
　　わたしは赤いスカートを買いました。

③ 我女儿喜欢穿裙子。
　　Wǒ nǚ'ér xǐhuan chuān qúnzi.
　　娘はスカートをはくのが好きです。

④ 我女儿去商场买东西。
　　Wǒ nǚ'ér qù shāgnchǎng mǎi dōngxi.
　　娘はデパートへ買い物に行きます。

「何色のスカートを買ったのか」という問いに対する答えとしては、"红裙子"（赤いスカート）と答えている②が適切です。①は買った場所、③は娘の好み、④は娘が買い物に行く場所について答えているので、スカートの色を尋ねている質問の答えとしては不適切です。

15

**11** (7) A: 下了课，咱们一起回家吧！
Xiàle kè, zánmen yìqǐ huí jiā ba!

B: 我要去一下图书馆，你等我一会儿，好吗？ Wǒ yào qù yíxià túshūguǎn, nǐ děng wǒ yíhuìr, hǎo ma?

A: ① 等一下，我马上就去。
Děng yíxià, wǒ mǎshàng jiù qù.

② 等一等，咱们一起回家。
Děngyideng, zánmen yìqǐ huí jiā.

③ 你先走吧，别等我了。
Nǐ xiān zǒu ba, bié děng wǒ le.

❹ 你去吧，我等你。
Nǐ qù ba, wǒ děng nǐ.

授業が終わったら，一緒に帰りましょうよ。

わたしはちょっと図書館に行きたいので，しばらく待ってくれますか。

ちょっと待っていてください。わたしはすぐに行きます。

ちょっと待ってください。一緒に帰りましょう。

先に行ってください。わたしを待たないで。

行ってきなさい。わたしは待っていますから。

> Aが「一緒に帰ろう」と誘い，Bが「図書館に行くので待っていてくれるか」と聞いたのに対するAの答えとしては，「待っている」と答えている④が適切です。

**12** (8) A: 这两天感冒了，我没有去上班。Zhè liǎng tiān gǎnmào le, wǒ méiyou qù shàngbān.

B: 是吗，现在怎么样？好点儿了吗？ Shì ma, xiànzài zěnmeyàng? Hǎo diǎnr le ma?

A: ① 今天的天气可比昨天好多了。
Jīntiān de tiānqì kě bǐ zuótiān hǎo duō le.

❷ 好多了，明天就可以上班了。
Hǎo duō le, míngtiān jiù kěyǐ shàngbān le.

③ 现在这个季节很容易感冒。 Xiànzài zhège jìjié hěn róngyì gǎnmào.

④ 我每天都是坐地铁上下班。 Wǒ měi tiān dōu shì zuò dìtiě shàng xià bān.

この数日，風邪をひいてわたしは出勤しませんでした。

そうですか。今はどうですか。少しよくなりましたか。

きょうの天気はきのうよりずっといいです。

だいぶよくなりました。あすは出勤できます。

今の季節は風邪をひきやすいです。

わたしは毎日地下鉄で通勤しています。

> BがAに「風邪はよくなったか」と聞いたのですから，それに対する適切な答えは②です。①は天気，③は今の季節の特徴，④は通勤方法について答えていて，今の体調についての質問に対する答えとしては不適切です。

**13** (9) A：这么晚了，你怎么还不睡觉呢？ Zhème wǎn le, nǐ zěnme hái bú shuìjiào ne?

B：明天有英语考试，我得复习复习。 Míngtiān yǒu Yīngyǔ kǎoshì, wǒ děi fùxifùxi.

A：❶ 你别睡得太晚了。
Nǐ bié shuìde tài wǎn le.

② 你快点儿起床吧！
Nǐ kuài diǎnr qǐchuáng ba!

③ 电车又晚点了。
Diànchē yòu wǎndiǎn le.

④ 你慢点儿走啊！ Nǐ màn diǎnr zǒu a!

こんなに遅いのに，どうしてまだ寝ないの？

あした英語の試験があるので，復習しなければならないんだ。

あまり遅くまで起きていてはだめよ。

さっさと起きなさい。

電車がまた遅れました。

少しゆっくり歩いてください。

　Bが「あした英語の試験があるので，復習しなければならない」と言ったのに対して，Aが発する言葉として適切なのは①です。その他の答えでは会話が成立しません。

**14** (10) A：老王，刚才马主任给你打电话，你不在。
Lǎo Wáng, gāngcái Mǎ zhǔrèn gěi nǐ dǎ diànhuà, nǐ bú zài.

B：是吗，有什么事儿吗？
Shì ma, yǒu shénme shìr ma?

A：① 马主任是什么时候打来电话的？ Mǎ zhǔrèn shì shénme shíhou dǎlái diànhuà de?

❷ 他说一会儿再给你打电话。
Tā shuō yíhuìr zài gěi nǐ dǎ diànhuà.

③ 我一会儿再给他打电话。
Wǒ yíhuìr zài gěi tā dǎ diànhuà.

④ 马主任为什么给他打电话呢？ Mǎ zhǔrèn wèi shénme gěi tā dǎ diànhuà ne?

王さん，さきほど馬主任から電話がありましたが，あなたはご不在でした。

そうですか。何か用事でしたか。

馬主任はいつ電話してきたのですか。

のちほどまたあなたに電話すると言っていました。

のちほどわたしから彼に電話します。

馬主任はなぜ彼に電話したのですか。

　Aから馬主任から電話があったことを聞いたBが"有什么事儿吗？"と尋ねたのに対してAが返す言葉としては，②が適切です。①はAが逆に電話を掛けてきた時間を聞き，③はAが自分で電話をすると言い，④は馬主任が第三者の彼に電話をした理由を尋ねているのですから，いずれも答えとして不適切です。

第86回　解答と解説　[リスニング]

## 2 長文聴解：

解答：(1)❷ (2)❸ (3)❹ (4)❷ (5)❶ (6)❷ (7)❶ (8)❹ (9)❸ (10)❷

会話文の聞き取り：もうすぐやってくる春節をどう過ごすかが会話の話題です。ややテンポの速い会話についていけるかどうかが問われています。　　　　(5点×5)

16　小张：小王，快要到春节了，你有什么打算？
　　　　　　Xiǎo Wáng, kuàiyào dào Chūnjié le, nǐ yǒu shénme dǎsuan?

　　小王：我打算回老家去过春节。
　　　　　　Wǒ dǎsuan huí lǎojiā qù guò Chūnjié.

　　小张：你老家在什么地方？
　　　　　　Nǐ lǎojiā zài shénme dìfang?

　　小王：(1)在四川。
　　　　　　Zài Sìchuān.

　　小张：四川离广州那么远，你坐飞机还是坐火车呀？
　　　　　　Sìchuān lí Guǎngzhōu nàme yuǎn, nǐ zuò fēijī háishi zuò huǒchē ya?

　　小王：(2)坐火车回去，飞机票太贵了。
　　　　　　Zuò huǒchē huíqu, fēijīpiào tài guì le.

17　小张：你已经买好火车票了吗？
　　　　　　Nǐ yǐjīng mǎihǎo huǒchēpiào le ma?

　　小王：还没有呢。
　　　　　　Hái méiyou ne.

　　小张：火车站买车票的人太多，你还是在互联网上预订吧。
　　　　　　Huǒchēzhàn mǎi chēpiào de rén tài duō, nǐ háishi zài hùliánwǎng shang yùdìng ba.

　　小王：对，(3)我打算在互联网上预订。
　　　　　　Duì, wǒ dǎsuan zài hùliánwǎng shang yùdìng.

　　　　　欸，小张，你在哪儿过春节呀？
　　　　　　Éi, Xiǎo Zhāng, nǐ zài nǎr guò Chūnjié ya?

　　小张：(5)我就在广州跟女朋友一起过春节。
　　　　　　Wǒ jiù zài Guǎngzhōu gēn nǚpéngyou yìqǐ guò Chūnjié.

　　小王：你每年都回老家，今年怎么不回去了呢？
　　　　　　Nǐ měi nián dōu huí lǎojiā, jīnnián zěnme bù huíqu le ne?

　　小张：(4)我父母春节要去新加坡旅游，所以我就不回去了。
　　　　　　Wǒ fùmǔ Chūnjié yào qù Xīnjiāpō lǚyóu, suǒyǐ wǒ jiù bù huíqu le.

　　小王：现在出国旅游的人越来越多了，我父母过完春节也要去旅游呢。
　　　　　　Xiànzài chūguó lǚyóu de rén yuè lái yuè duō le, wǒ fùmǔ guòwán Chūnjié yě yào qù lǚyóu ne.

18

訳：

張さん：王さん，まもなく春節だけれど，どう過ごすつもりですか。
王さん：実家に帰り春節を過ごそうと思います。
張さん：あなたの実家はどちらですか。
王さん：(1)四川です。
張さん：四川は広州からとても遠いけれど，あなたは飛行機で行くのですか，それとも列車で行くのですか。
王さん：(2)列車で帰ります。航空券は高いですから。
張さん：もう乗車券は買いましたか。
王さん：まだです。
張さん：駅で乗車券を買う人はとても多いから，ネットで予約すれば？
王さん：そうですね。(3)ネットで予約しましょう。張さん，あなたはどこで春節を過ごすのですか。
張さん：(5)僕は広州で彼女と一緒に春節を過ごします。
王さん：あなたは毎年実家に帰るのに，今年はどうして帰らないのですか。
張さん：(4)両親が春節にシンガポールへ旅行するので，僕は帰らないことにしたのです。
王さん：いま海外旅行に行く人はますます増えています。わたしの両親も春節が終わったら旅行に行く予定です。

18 (1) 問：小王的老家在哪儿？？　　　　　　王さんの実家はどこですか。
　　　　Xiǎo Wáng de lǎojiā zài nǎr?

　　答：① 在广州。Zài Guǎngzhōu.　　　広州。

　　　　❷ 在四川。Zài Sìchuān.　　　　四川。

　　　　③ 在上海。Zài Shànghǎi.　　　上海。

　　　　④ 在北京。Zài Běijīng.　　　　北京。

　　王さん自身が"在四川"と言っていますから，②を選びます。

19 (2) 問：小王为什么要坐火车回老家？ Xiǎo Wáng 　王さんはなぜ列車で実家に
　　　　wèi shénme yào zuò huǒchē huí lǎojiā?　　帰るつもりなのですか。

　　答：① 因为坐火车比坐飞机方便。　　　　　　列車は飛行機より便利だか
　　　　　 Yīnwèi zuò huǒchē bǐ zuò fēijī fāngbiàn.　　ら。

② 因为买不到飞机票。
　　Yīnwei mǎibudào fēijīpiào.

❸ 因为火车票比飞机票便宜。
　　Yīnwei huǒchēpiào bǐ fēijīpiào piányi.

④ 因为坐火车比较舒服。
　　Yīnwei zuò huǒchē bǐjiào shūfu.

航空券が買えないから。

乗車券は航空券より安いから。

列車は比較的快適だから。

　　王さんが"坐火车回去，飞机票太贵了"と言っていますから，③を選びます。

20 (3) 問：小王打算在哪儿买火车票？
　　　Xiǎo Wáng dǎsuan zài nǎr mǎi huǒchēpiào?

　答：① 在地铁站。　　Zài dìtiězhàn.
　　　② 在飞机场。　　Zài fēijīchǎng.
　　　③ 在火车站。　　Zài huǒchēzhàn.
　　　❹ 在互联网上。Zài hùliánwǎng shang.

王さんはどこで乗車券を買うつもりですか。

地下鉄の駅で。
空港で。
駅で。
ネットで。

　　王さんが"我打算在互联网上预订"と言っていますから，④を選びます。

21 (4) 問：小张为什么不回老家过春节？ Xiǎo Zhāng wèi shénme bù huí lǎojiā guò Chūnjié?

　答：① 因为没有买到飞机票。
　　　　Yīnwei méiyou mǎidào fēijīpiào.

　　　❷ 因为父母要去新加坡旅游。
　　　　Yīnwei fùmǔ yào qù Xīnjiāpō lǚyóu.

　　　③ 因为父母年龄大了。
　　　　Yīnwei fùmǔ niánlíng dà le.

　　　④ 因为出国旅游的人太多。
　　　　Yīnwei chūguó lǚyóu de rén tài duō.

張さんはなぜ実家に帰って春節を過ごさないのですか。

航空券を買えなかったから。

両親がシンガポールへ旅行に行くから。

両親が高齢であるから。

海外旅行に行く人がとても多いから。

　　張さんが"我父母春节要去新加坡旅游，所以我就不回去了"と言っていますから，②を選びます。

## 22 (5) 問：小张打算跟谁一起过春节？ Xiǎo Zhāng dǎsuan gēn shéi yìqǐ guò Chūnjié?

張さんは誰と一緒に春節を過ごすつもりですか。

答： ❶ 跟女朋友一起过春节。
Gēn nǚpéngyou yìqǐ guò Chūnjié.

彼女と一緒に春節を過ごします。

② 跟父母一起在广州过春节。Gēn fùmǔ yìqǐ zài Guǎngzhōu guò Chūnjié?

両親と一緒に広州で春節を過ごします。

③ 跟女朋友一起出国旅游。
Gēn nǚpéngyou yìqǐ chūguó lǚyóu.

彼女と一緒に海外旅行に行きます。

④ 跟小王一起在广州过春节。Gēn Xiǎo Wáng yìqǐ zài Guǎngzhōu guò Chūnjié.

王さんと一緒に広州で春節を過ごします。

張さんが"我就在广州跟女朋友一起过春节"と言っていますから，①を選びます。

**文章の聞き取り**：ある日の放課後，小冬の過ごす日常風景です。

(5点×5)

30 ⑹小冬今天下午两点放学，两点半回到了家里。⑺他到家的时候，妈妈刚打扫完房间，正在看电视。小冬放下书包就要走，妈妈问他："你急急忙忙地去哪儿？"小冬说："去同学家玩儿。"妈妈说："不行，⑻你得在家里做完作业再去玩儿。"小冬虽然有点儿不高兴，但还是把作业做完了。三点半才去同学家。

31 ⑼在同学家里，小冬和同学一起看漫画。他们俩都是漫画迷，两个人边看边笑，都说："太有意思了！"后来同学的妈妈拿来了自己做的点心，两个人就放下漫画⑼吃起点心来。小冬对同学的妈妈说："谢谢阿姨！您做的点心真好吃。"吃完点心以后，⑼小冬和同学又一起玩儿游戏，一直玩儿到五点半。

小冬从同学家回来的时候，妈妈正在做晚饭。今天只有小冬和妈妈两个人吃晚饭。⑽爸爸最近工作很忙，今天要在公司加班，不回来吃晚饭了。

Xiǎodōng jīntiān xiàwǔ liǎng diǎn fàngxué, liǎng diǎn bàn huídàole jiāli. Tā dào jiā de shíhou, māma gāng dǎsǎowán fángjiān, zhèngzài kàn diànshì. Xiǎodōng fàngxià shūbāo jiù yào zǒu, māma wèn tā : "Nǐ jíjímángmáng de qù nǎr?" Xiǎodōng shuō : "Qù tóngxué jiā wánr." Māma shuō : "Bùxíng, nǐ děi zài jiāli zuòwán zuòyè zài qù wánr." Xiǎodōng suīrán yǒudiǎnr bù gāoxìng, dàn háishi bǎ zuòyè zuòwán le. Sān diǎn bàn cái qù tóngxué jiā.

Zài tóngxué jiāli, Xiǎodōng hé tóngxué yìqǐ kàn mànhuà. Tāmen liǎ dōu shì mànhuàmí, liǎng ge rén biān kàn biān xiào, dōu shuō: "Tài yǒu yìsi le!" Hòulái tóngxué de māma náláile zìjǐ zuò de diǎnxin, liǎng ge rén jiù fàngxià mànhuà chīqǐ diǎnxin lai. Xiǎodōng duì tóngxué de māma shuō: "Xièxie āyí! Nín zuò de diǎnxin zhēn hǎochī." Chīwán diǎnxin yǐhòu, Xiǎodōng hé tóngxué yòu yìqǐ wánr yóuxì, yìzhí wánrdào wǔ diǎn bàn.

Xiǎodōng cóng tóngxué jiā huílai de shíhou, māma zhèngzài zuò wǎnfàn. Jīntiān zhǐ yǒu Xiǎodōng hé māma liǎng ge rén chī wǎnfàn. Bàba zuìjìn gōngzuò hěn máng, jīntiān yào zài gōngsī jiābān, bù huílai chī wǎnfàn le.

訳：(6)小冬はきょう午後2時に授業が終わり，2時半に家に帰った。(7)彼が家に着くと，お母さんは部屋の掃除を終え，テレビを見ていた。小冬がカバンを置いて出かけようとすると，お母さんが「そんなに急いでどこへ行くの？」と聞いた。小冬は「友達の家に遊びに行くんだ」と答えた。お母さんは「だめよ。(8)家で宿題をやり終えてから行きなさい」と言った。小冬は少し面白くなかったけれど，宿題をやり終えた。3時半にやっと友達の家に行った。

(9)友達の家で小冬と友達は一緒に漫画を読んだ。彼らは二人とも漫画好きなので，二人で読みながら笑い「チョー面白い」と言った。その後，友達のお母さんがお手製のおやつを出してくれたので，二人は漫画を置いて(9)おやつを食べ始めた。小冬は友達のお母さんに「おばさん，ありがとう。おばさんが作ったおやつはとてもおいしいです」と言った。おやつを食べ終わると(9)小冬と友達はまた一緒にゲームをし，そのまま5時半まで遊んだ。

小冬が友達の家から帰ると，お母さんは夕食を作っていた。きょうは小冬とお母さんの二人だけで晩ごはんを食べる。(10)お父さんは最近仕事が忙しく，きょうは会社で残業しなければならず，帰って夕食を取ることができなくなったのだ。

32 (6) 問：小冬今天是几点放学的？　　　　　　　　小冬はきょう何時に授業が
　　　 Xiǎodōng jīntiān shì jǐ diǎn fàngxué de?　　　終わりましたか。

　　答：① 一点半。Yì diǎn bàn.　　　　　1時半。

　　　　❷ 两点。　 Liǎng diǎn.　　　　　2時。

　　　　③ 两点半。Liǎng diǎn bàn.　　　　2時半。

　　　　④ 三点半。Sān diǎn bàn.　　　　　3時半。

"小冬今天下午两点放学"とあるので，②を選びます。

22

33 (7) 問：小冬放学回到家的时候，妈妈在干什么？　　　小冬が授業が終わって家
　　　　Xiǎodōng fàngxué huídào jiā de shíhou, māma　に帰った時，お母さんは何
　　　　zài gàn shénme?　　　　　　　　　　　　　　をしていましたか。
　　答：❶ 在看电视呢。　　Zài kàn diànshì ne.　　　　テレビを見ていました。
　　　　② 在打扫房间呢。Zài dǎsǎo fángjiān ne.　　部屋を掃除していました。
　　　　③ 在吃点心呢。　　Zài chī diǎnxin ne.　　　　おやつを食べていました。
　　　　④ 在做饭呢。　　　Zài zuò fàn ne.　　　　　　食事を作っていました。

　　"他到家的时候，妈妈刚打扫完房间，正在看电视"とあるので，①を
　選びます。

34 (8) 問：小冬是在哪儿做作业的？　　　　　　　　　小冬はどこで宿題をしましたか。
　　　　Xiǎodōng shì zài nǎr zuò zuòyè de?
　　答：① 在爸爸公司里。Zài bàba gōngsī li.　　お父さんの会社で。
　　　　② 在学校里。　　Zài xuéxiào li.　　　　　学校で。
　　　　③ 在同学家里。　Zài tóngxué jiāli.　　　友達の家で。
　　　　❹ 在自己家里。　Zài zìjǐ jiāli.　　　　　自分の家で。

　　お母さんから"你得在家里做完作业再去玩儿"と言われ，小冬はそれ
　に従ったのですから，④を選びます。

35 (9) 問：小冬在同学家干什么了？　　　　　　　　　　小冬は友達の家で何をしま
　　　　Xiǎodōng zài tóngxué jiā gàn shénme le?　　したか。
　　答：① 先吃点心，然后看漫画，玩儿游戏。　　　まずおやつを食べ，その後，
　　　　　Xiān chī diǎnxin, ránhòu kàn mànhuà,　　漫画を読んで，ゲームをし
　　　　　wánr yóuxì.　　　　　　　　　　　　　　ました。
　　　　② 先打扫房间，然后看电视，玩儿游戏。　　まず部屋を掃除し，その後，
　　　　　Xiān dǎsǎo fángjiān, ránhòu kàn diànshì,　テレビを見て，ゲームをし
　　　　　wánr yóuxì.　　　　　　　　　　　　　　ました。
　　　　❸ 先看漫画，然后吃点心，玩儿游戏。　　　まず漫画を読み，その後，
　　　　　Xiān kàn mànhuà, ránhòu chī diǎnxin,　　おやつを食べて，ゲームを
　　　　　wánr yóuxì.　　　　　　　　　　　　　　しました。
　　　　④ 先做作业，然后看电视，吃晚饭。　　　　まず宿題をし，その後，テ
　　　　　Xiān zuò zuòyè, ránhòu kàn diànshì, chī　レビを見て，晩ごはんを食
　　　　　wǎnfàn.　　　　　　　　　　　　　　　　べました。

"在同学家里，小冬和同学一起看漫画"および"吃起点心来"，"小冬和同学又一起玩儿游戏"から，③を選びます。

36 (10) 問：爸爸今天为什么不回家吃晚饭？
　　　　Bàba jīntiān wèi shénme bù huí jiā chī wǎnfàn?

　答：① 因为要去同学家。
　　　　Yīnwei yào qù tóngxué jiā.

　　　❷ 因为要加班。
　　　　Yīnwei yào jiābān.

　　　③ 因为吃点心了。
　　　　Yīnwei chī diǎnxin le.

　　　④ 因为妈妈没做饭。
　　　　Yīnwei māma méi zuò fàn.

お父さんはきょうなぜ家に帰って晩ごはんを食べないのですか。

友達の家に行かなければならないから。

残業しなくてはならないから。

おやつを食べたから。

お母さんが食事を作らなかったから。

"爸爸最近工作很忙，今天要在公司加班"とあるので，②を選びます。

# 筆 記

## 1

解答：1. (1)❹ (2)❸ (3)❶ (4)❷ (5)❹ 2. (6)❸ (7)❷ (8)❹ (9)❸ (10)❸

1. 発音 声調の組み合わせ：2音節の単語の声調パターンが身についているかどうかを問うている。初級中国語の学習では声母や韻母に注意が行き，声調がおろそかになりがちです。単語を覚えるときは，声調もしっかり身につけましょう。

(2点×5)

(1) 音乐 yīnyuè
（音楽）
① 奇怪 qíguài （不思議だ）
② 交通 jiāotōng （交通）
③ 新闻 xīnwén （ニュース）
❹ 希望 xīwàng （願う）

(2) 爱好 àihào
（愛好する／趣味）
① 电影 diànyǐng （映画）
② 练习 liànxí （練習する）
❸ 重要 zhòngyào （重要だ）
④ 汽车 qìchē （自動車）

(3) 和平 hépíng
（平和）
❶ 红茶 hóngchá （紅茶）
② 声音 shēngyīn （声，音）
③ 毛衣 máoyī （セーター）
④ 经营 jīngyíng （経営する）

(4) 领带 lǐngdài
（ネクタイ）
① 雨伞 yǔsǎn （雨傘）
❷ 马路 mǎlù （大通り）
③ 国际 guójì （国際的な）
④ 首都 shǒudū （首都）

(5) 解决 jiějué
（解決する）
① 午饭 wǔfàn （昼ごはん）
② 欢迎 huānyíng （歓迎する）
③ 长城 Chángchéng （万里の長城）
❹ 网球 wǎngqiú （テニス）

2. **発音　声母・韻母のピンイン表記**：漢字で表記された単語を正確に発音しピンイン表記と一致させることができるかどうかが問われています。その単語を正確に発音できるかどうかは，ピンインによるチェックが効果的です。　　　　　　（2点×5）

(6) 结婚（結婚する）
　① jiáhūn　　　② jiáfēn　　　❸ **jiéhūn**　　　④ jiéfēn

(7) 安全（安全だ）
　① ānjuān　　　❷ **ānquán**　　　③ ànjuān　　　④ ànquán

(8) 跑步（駆け足する，ジョギングする）
　① páobù　　　② bǎobū　　　③ báobū　　　❹ **pǎobù**

(9) 愉快（楽しい）
　① yúkuà　　　② rúkuà　　　❸ **yúkuài**　　　④ rúkuài

(10) 污染（汚染）
　① wùrǎn　　　② wūshǎn　　　❸ **wūrǎn**　　　④ wùshǎn

## 2

解答：(1)❹　(2)❷　(3)❶　(4)❸　(5)❹　(6)❸　(7)❹　(8)❸　(9)❷　(10)❷

**空欄補充**：空欄に入る語はいずれも文法上のキーワードです。　　（2点×10）

(1) 房间里只有一（张）桌子。　　　部屋には机が1台しかありません。
　Fángjiān li zhǐ yǒu yì zhāng zhuōzi.

　① 条 tiáo　　　② 台 tái　　　③ 把 bǎ　　　❹ 张 zhāng

> 量詞（助数詞）の問題です。机やベッドのような平らな面を持つ物を数えるには，④の"张"を用います。①"条"は細長い物，②"台"は機械など，③"把"は柄や握る部分のある物を数えるときに用います。

(2) 这个房子（有点儿）小，我不想买。　この家はちょっと小さいので，
　Zhège fángzi yǒudiǎnr xiǎo, wǒ bù xiǎng mǎi.　わたしは買いたくない。

　① 一点儿 yìdiǎnr　　　　　　❷ 有点儿 yǒudiǎnr
　③ 一会儿 yíhuìr　　　　　　④ 一下 yíxià

> "有点儿"は副詞で，後ろに「望ましくない」というマイナスのニュ

アンスを含む形容詞を伴います。①の"一点儿"は数量詞で，形容詞の後に用いて「少し」の意を表します。③の"一会儿"と④の"一下"も数量詞で，補語として動詞の後に用いて「ちょっと」の意を表します。したがって，"小"の前に用いることができるのは②だけです。

(3) ( 只要 ) 努力，就一定能学好汉语。　　努力しさえすれば，必ず中国語を
　　 Zhǐyào nǔlì, jiù yídìng néng xuéhǎo Hànyǔ.　マスターすることができます。

　　❶ 只要 zhǐyào　② 只有 zhǐyǒu　③ 虽然 suīrán　④ 因为 yīnwei

　　"只要…就…"は後に"就"が呼応して，「…しさえすれば」容易に実現するという条件関係を表す複文に用いられます。②"只有"は「…してこそ」という意味で，よく後に"才"が呼応し「…してこそ…はじめて…」という複文を作ります。③"虽然"は「…だけれども」，④"因为"は「…なので」という意味を表す接続詞です。

(4) 我想 ( 为 ) 促进两国文化交流做贡献。　わたしは両国の文化交流の促進
　　 Wǒ xiǎng wèi cùjìn liǎng guó wénhuà jiāoliú　に貢献したい。
　　 zuò gòngxiàn.

　　① 往 wǎng　② 向 xiàng　❸ 为 wèi　④ 对 duì

　　介詞（前置詞）の問題です。「…のために」という目的を表すには"为"を用います。①の"往"と②の"向"は「…へ」という方向を，④の"对"は「…に対して，…について」と対象を表します。

(5) 在这个超市里什么东西 ( 都 ) 能买到。　このスーパーでは何でも買える。
　　 Zài zhège chāoshì li shénme dōngxi dōu néng mǎidào.

　　① 却 què　② 还 hái　③ 再 zài　❹ 都 dōu

　　"什么…都"で「どんな…も」という意味を表します。①"却"は「かえって」，②"还"は「まだ」，③"再"は「また，もう一度」という意味を表す副詞です。

(6) 请 ( 把 ) 自己的名字写在黑板上。　自分の名前を黒板に書いてください。
　　 Qǐng bǎ zìjǐ de míngzi xiězài hēibǎn shang.

　　① 给 gěi　② 跟 gēn　❸ 把 bǎ　④ 往 wǎng

27

ここは「…を」と目的語を動詞の前に出して処置を加えることを表す"把"が入ります。①の"给"は「…に」、②の"跟"は「…と」、④の"往"は「…へ」という意味を表す介詞です。

(7) 外边儿的雨（越）下（越）大了。　　外の雨はますます強くなった。
　　Wàibianr de yǔ yuè xià yuè dà le.

　　① 又…又…　yòu…yòu…　　　② 或…或…　huò…huò…
　　③ 边…边…　biān…biān…　　❹ 越…越…　yuè…yuè…

　　"越…越…"は「…すればするほど、ますます…」という意味を表します。①"又…又…"は「…でもあり、また…でもある」、②"或…或…"は「あるいは…あるいは…」、③"边…边…"は「…しながら…する」という意味です。

(8) 这篇文章虽然不长,（但是）内容很丰富。　　この文章は長くないけれど、内容は豊富だ。
　　Zhè piān wénzhāng suīrán bù cháng, dànshì nèiróng hěn fēngfù.

　　① 尽管 jǐnguǎn　② 而且 érqiě　❸ 但是 dànshì　④ 所以 suǒyǐ

　　"虽然…但是…"は「…だけれども、しかし…」という逆接関係を表します。①の"尽管"も"尽管…但是…"の形で「…ではあるけれでも」の意を表しますが、複文の前半に用いるべきで、この位置には使えません。②"而且"は「しかも、その上」、④"所以"は「それゆえに」という意味を表します。

(9) 春天到了，天气渐渐地暖和（起来）了。　　春になり、だんだん暖かくなってきた。
　　Chūntiān dào le, tiānqì jiànjiàn de nuǎnhuoqilai le.

　　① 上来 shanglai　❷ 起来 qilai　③ 出来 chulai　④ 下来 xialai

　　複合方向補語"起来"は「低いところから高いところへ向かう」という原義のほかに、「動作や現象が始まる」という派生的な意味も表します。①"上来"③"出来"④"下来"も派生的な用法を持つ複合方向補語ですが、「始まる」の意味はありません。

(10) 她（不但）会唱歌，而且还会跳舞。　　彼女は歌が歌えるだけでなく、ダンスもできる。
　　Tā búdàn huì chàng gē, érqiě hái huì tiàowǔ.

① 不管 bùguǎn　❷ 不但 búdàn　③ 不如 bùrú　④ 不论 búlùn

> "不但…而且…"は「…だけではなく，しかも…」という累加関係を表す常用の文型です。①"不管"は「…にかかわらず」，③"不如"は「…に及ばない」，④"不论"は「…であろうとなかろうと」という意味です。

## 3

> 解答：1. (1)❶　(2)❷　(3)❹　(4)❹　(5)❶　2. (6)❸　(7)❹　(8)❸　(9)❹　(10)❷

1. 日文中訳（語順選択）：文法上のキーワードを含む基本的な文を正確に組み立てることができるかどうかを問うています。　　　　　　　　　　　(2点×5)

(1) これからはもう二度と寝坊してはいけませんよ。

❶ 以后别再睡懒觉了。Yǐhòu bié zài shuì lǎnjiào le.
② 以后再懒觉别睡了。
③ 以后别睡再懒觉了。
④ 以后别懒觉再睡了。

> 「寝坊する」は"睡觉"の"觉"を「怠ける，横着をする」という意味の"懒"で修飾して"睡懒觉"と言います。未来の時点における動作の繰り返しを表す"再"は副詞ですから，動詞句"睡懒觉"の前に置き，"别"は"再睡懒觉"を禁止するのですから，その前に置きます。

(2) こんなにたくさんの仕事をわたし一人ではやりきれません。

① 这么多的工作我不一个人干了。
❷ 这么多的工作我一个人干不了。
　Zhème duō de gōngzuò wǒ yí ge rén gànbuliǎo.
③ 这么多的工作我干不了一个人。
④ 这么多的工作我一个人不干了。

> 「やりきれない」は可能補語の否定形を使って"干不了"とします。「わたし一人で」は"我一个人"とし，状況語として述語の"干不了"の前に置かなければなりません。したがって，②が正解です。

29

(3) 両親はわたしをアメリカへ留学させたがっています。
　① 父母想让我美国去留学。
　② 父母让想我去美国留学。
　③ 父母想我让美国留学去。
　❹ 父母想让我去美国留学。Fùmǔ xiǎng ràng wǒ qù Měiguó liúxué.

> 「…に…させる」は使役を表す兼語文を用いて表現します。前の動詞の目的語であり，後の動詞の主語でもある，すなわち二つの役割を兼ねる語を兼語と言います。「わたしをアメリカに留学させる」は"让我去美国留学"の語順になります。"我"が兼語です。

(4) 彼は1か月に1冊しか本を読みません。
　① 他一个月只看书一本。
　② 他看一个月只书一本。
　③ 他一个月只一本看书。
　❹ 他一个月只看一本书。Tā yí ge yuè zhǐ kàn yì běn shū.

> 「本を1冊読む」は，"看一本书"。「…しか（…しない）」は，「…だけ（…する）」と考えて副詞"只"を動詞句の前に置いて表現します。"一个月"は状況語ですから述語の前に置かれます。したがって，④が正解です。

(5) わたしは晩ごはんを食べてからお風呂に入るつもりです。
　❶ 我打算吃了晚饭再洗澡。Wǒ dǎsuan chīle wǎnfàn zài xǐzǎo.
　② 我打算了吃晚饭再洗澡。
　③ 我打算吃晚饭再洗澡了。
　④ 我打算再吃晚饭了洗澡。

> 「晩ごはんを食べてから」は，未来の時点における動作の完了を表しますので，"吃了晚饭"とし，「（何かをした後）それから」の意を表す"再"を用いて"洗澡"につなげます。

2. 日文中訳（語順整序）：与えられた語句を用いて正確に文を組み立てることができるかどうかを問うています。
(2点×5)

(6) 夏休みまであとどのくらいですか。
[ ❸离 ] ② 放暑假 ① 还有 ④ 多长时间？
Lí fàng shǔjià hái yǒu duō cháng shíjiān?

> 「夏休みまで」は夏休みと現在との時間的な隔たりを言っていますから，介詞 "离" を用いて "离放暑假" とします。

(7) わたしの携帯電話は妹に壊されてしまいました。
我的手机 [ ❹被 ] ① 妹妹 ③ 弄坏 ② 了。
Wǒ de shǒujī bèi mèimei nònghuài le.

> 受身文の語順は，「主語＋"被"＋行為者＋動詞＋その他の成分」です。

(8) フランス語はわたしは一言も話せません。
法语我 [ ❸连 ] ② 一句 ④ 也 ① 不会说。
Fǎyǔ wǒ lián yí jù yě bú huì shuō.

> 「…さえも」という強調表現には "连…也…" の文型を使います。"也" の代わりに "都" を用いることもあります。

(9) 彼はいま車を買うお金はありません。
他现在 ③ 没有 [ ❹钱 ] ② 买 ① 汽车。
Tā xiànzài méiyǒu qián mǎi qìchē.

> 「車を買うお金がない」は "没有钱买汽车" とします。これは前の動詞が "有" の否定形 "没有" である連動文で，まず "没有钱" と言っておいて，どのような "钱" かと言えば "买汽车" のための "钱" である，と後ろから補足説明しているのです。

(10) 彼は毎日歩いて駅へ行きます。
他每天 [ ❷走 ] ④ 着 ① 去 ③ 车站。
Tā měi tiān zǒuzhe qù chēzhàn.

> 「…している状態で…する」というときには，「動詞₁＋"着"＋動詞₂」の形を用います。したがって，「歩いて行く」は "走着去" となります。

31

## 4 長文読解

解答：(1) ❸　(2) ❷　(3) ❹　(4) ❷　(5) ❶　(6) ❸

**空欄補充と内容理解**：まとまった内容をもつ長文を正確に理解しているかどうかを，キーワードを正しく空欄に補充させることによって問うています。

　　上个世纪七十年代末，高仓健主演的电影《追捕》在中国上映了。(1)根据中国媒体的统计，大约有8亿中国人看过这部电影。那时，有很多中国人都是高仓健的粉丝，后来成为中国著名导演的张艺谋就是其中的一位。

　　当时，张艺谋生活在一个边远的城镇，是纺织厂的一名普通工人。正是因为看了高仓健演的电影，张艺谋(2)才下决心要做一名电影工作者。就在那一年，他考入了北京电影学院。

　　张艺谋曾经有个梦想：(3)要是有机会，一定跟高仓健合作拍一部电影。有一次，张艺谋邀请高仓健出演一部武打战争影片的主角，但没想到高仓健(4)一看剧本(4)就拒绝了，"我现在希望演那种表达人与人之间真实情感的角色，对战争类的影片，我不感兴趣。"听了高仓健这番话，张艺谋感到自己的想法太肤浅，对高仓健更加崇敬了。

　　后来，(6)张艺谋用了5年半的时间终于找到一个合适的题材，邀请高仓健合作拍摄了《千里走单骑》这部电影，实现了他的梦想。张艺谋回忆起那时的情景，感动地说："他这么大年龄，整天都跟我们一起忙工作。(5)即使工作到深夜(5)也没有一句怨言。"

　　张艺谋评价高仓健说："他不仅是我的偶像，也是我们这一代人的偶像。我在他身上学到很多做人的道理。"

Shàng ge shìjì qīshí niándài mò, Gāocāng Jiàn zhǔyǎn de diànyǐng «Zhuībǔ» zài Zhōngguó shàngyìng le. Gēnjù Zhōngguó méitǐ de tǒngjì, dàyuē yǒu bāyì Zhōngguórén kànguo zhè bù diànyǐng. Nà shí, yǒu hěn duō Zhōngguórén dōu shì Gāocāng Jiàn de fěnsī, hòulái chéngwéi Zhōngguó zhùmíng dǎoyǎn de Zhāng Yìmóu jiù shì qízhōng de yí wèi.

Dāngshí, Zhāng Yìmóu shēnghuó zài yí ge biānyuǎn de chéngzhèn, shì fǎngzhīchǎng de yì míng pǔtōng gōngrén. Zhèng shì yīnwei kànle Gāocāng Jiàn yǎn de diànyǐng, Zhāng Yìmóu cái xià juéxīn yào zuò yì míng diànyǐng gōngzuòzhě. Jiù zài nà yì nián, tā kǎorùle Běijīng Diànyǐng Xuéyuàn.

Zhāng Yìmóu céngjīng yǒu ge mèngxiǎng: Yàoshi yǒu jīhui, yídìng gēn

Gāocāng Jiàn hézuò pāi yí bù diànyǐng. Yǒu yí cì, Zhāng Yìmóu yāoqǐng Gāocāng Jiàn chūyǎn yí bù wǔdǎ zhànzhēng yǐngpiàn de zhǔjué, dàn méi xiǎngdào Gāocāng Jiàn yí kàn jùběn jiù jùjué le, "Wǒ xiànzài xīwàng yǎn nà zhǒng biǎodá rén yǔ rén zhī jiān zhēnshí qínggǎn de juésè, duì zhànzhēng lèi de yǐngpiàn, wǒ bù gǎn xìngqù." Tīngle Gāocāng Jiàn zhè fān huà, Zhāng Yìmóu gǎndào zìjǐ de xiǎngfa tài fūqiǎn, duì Gāocāng Jiàn gèngjiā chóngjìng le.

　　Hòulái, Zhāng Yìmóu yòngle wǔ nián bàn de shíjiān zhōngyú zhǎodào yí ge héshì de tícái, yāoqǐng Gāocāng Jiàn hézuò pāishèle «Qiānlǐ Zǒu Dānqí» zhè bù diànyǐng, shíxiànle tā de mèngxiǎng. Zhāng Yìmóu huíyìqǐ nà shí de qíngjǐng, gǎndòng de shuō: "Tā zhème dà niánlíng, zhěngtiān dōu gēn wǒmen yìqǐ máng gōngzuò. Jíshǐ gōngzuòdào shēnyè yě méiyǒu yí jù yuànyán."

　　Zhāng Yìmóu píngjià Gāocāng Jiàn shuō: "Tā bùjǐn shì wǒ de ǒuxiàng, yě shì wǒmen zhè yídài rén de ǒuxiàng. Wǒ zài tā shēnshang xuédào hěn duō zuòrén de dàoli."

訳：1970年代末，高倉健が主演した『君よ憤怒の河を渉れ』が中国で上映された。中国メディアの統計によると，約8億の中国人がこの映画を観ている。当時，多くの中国人が高倉健のファンであったが，後に中国の有名な映画監督となった張芸謀（チャン・イーモウ）はそのうちの1人であった。

　当時，張芸謀は辺鄙な田舎の町に暮らしており，紡績工場の普通の労働者であった。高倉健の映画を観て，張芸謀は映画の仕事をしようと決意したのである。その年，彼は北京電影学院に合格した。

　張芸謀は「もしチャンスがあれば，きっと高倉健と一緒に映画を撮る」という夢を持っていた。ある時，張芸謀は高倉健にアクション戦争映画の主役を演じてくれるよう要請した。しかし高倉健は脚本を読むとすぐに断り，「わたしはいま人と人の間の真実の情感を表現する役を演じたいのであって，戦争映画などには興味がない」と答えた。高倉健のこの言葉を聞いて，張芸謀は自分の考えがあまりにも浅はかであったと感じ，高倉健をそれまで以上に尊敬するようになった。

　後に，(6)張芸謀は5年半の歳月を費やしてついによい題材を見つけ，高倉健に『単騎，千里を走る』という映画を一緒に撮ることを要請し，自分の夢を実現させた。張芸謀はその時のことを思い出し，感動して「彼はあんなに高齢なのに，私たちと一緒に仕事をしてくれた。たとえ夜中まで仕事をしても，一言も愚痴をこぼさなかった」と言った。

　張芸謀は高倉健を評価して，「彼はわたしの憧れであるだけでなく，私たち

の世代の憧れでもある。わたしは彼から人としての道を多く学んだ」と言っている。

(1) 空欄補充 (3点)

① 对于 duìyú　　② 为了 wèile　　❸ 根据 gēnjù　　④ 关于 guānyú

> 介詞の問題です。①"对于"は「…に対して」、②"为了"は「…のために」、③"根据"は「…による，…に基づく」、④"关于"は「…に関して」という意味です。"根据…的统计"は「…の統計によると」という意味でよく使われる表現で、③が正解です。

(2) 空欄補充 (3点)

① 刚 gāng　　❷ 才 cái　　③ 能 néng　　④ 再 zài

> 「はじめて，やっと」の意を表す②の"才"が正解です。①"刚"は「…したばかり」、③"能"は「できる」、④"再"は「それから，その上で」という意味です。

(3) 空欄補充 (3点)

① 既然 jìrán　　② 虽然 suīrán　　③ 即使 jíshǐ　　❹ 要是 yàoshi

> 接続詞を選択する問題です。前後の文脈から仮定関係を表す複文であることが分かります。「もしも…」という仮定を表す④の"要是"が正解です。①"既然"は「…であるからには」、②"虽然"は「…だけれども」、③"即使"は「たとえ…でも」という意味です。

(4) 空欄補充 (3点)

① 只要…就… zhǐyào…jiù…　　❷ 一…就… yī…jiù…
③ 既…又… jì…yòu…　　④ 只有…才… zhǐyǒu…cái…

> 文脈から「…すると，すぐに（…する）」という意味であることが読み取れますので、②の"一…就…"を選びます。①"只要…就…"は「…しさえすれば…」、③"既…又…"は「…でもあり，また…でもある」、④"只有…才…"は「…してこそ…」という意味を表します。

34

(5) 空欄補充 (4点)

❶ 即使…也… jíshǐ…yě…　② 不管…都… bùguǎn…dōu…
③ 因为…所以… yīnwei…suǒyǐ…　④ 既然…就… jìrán…jiù…

> 「たとえ…でも…」という意味を表す①の"即使…也…"が正解です。②"不管…都…"は「…にかかわらず…」，③"因为…所以…"は「…なので…」，④"既然…就…"は「…であるからには…」という意味を表します。

(6) 内容の一致 (4点)

① 张艺谋是上世纪七十年代的著名导演。
　 Zhāng Yìmóu shì shàng shìjì qīshí niándài de zhùmíng dǎoyǎn.
　 張芸謀は1970年代の有名な映画監督である。

② 张艺谋从来没有想过要跟高仓健合作。
　 Zhāng Yìmóu cónglái méiyou xiǎngguo yào gēn Gāocāng Jiàn hézuò.
　 張芸謀はこれまで高倉健と一緒に仕事をしようと思ったことがない。

❸ 高仓健出演过一部张艺谋导演的电影。
　 Gāocāng Jiàn chūyǎnguo yí bù Zhāng Yìmóu dǎoyǎn de diànyǐng.
　 高倉健は張芸謀が監督した映画に出演したことがある。

④ 高仓健拒绝出演让张艺谋感到不高兴。
　 Gāocāng Jiàn jùjué chūyǎn ràng Zhāng Yìmóu gǎndào bù gāoxìng.
　 高倉健が出演を断ったことは張芸謀を不機嫌にさせた。

> "张艺谋用了5年半的时间终于找到一个合适的题材，邀请高仓健合作拍摄了《千里走单骑》这部电影，实现了他的梦想"から，③を選びます。

## 5　日文中訳（記述式） (4点×5)

(1) あのレストランの料理は安くておいしい。
　 那家餐厅的菜又便宜又好吃。Nà jiā cāntīng de cài yòu piányi yòu hǎochī.

> 「…でもあり，また…でもある」は，"又…又…"の文型を使って表現します。"餐厅"の量詞は"个"でもかまいません。また「レストラン」は"餐馆"や"饭店"でもかまいません。「料理」は"日本料理"（日本料理），"韩国料理"（韓国料理）のように"料理"を使うこともあります

第86回　解答と解説［筆記］

が，料理一般をいうには"菜"を用いるのが適当です。

(2) 値段が高いから，わたしは買いませんでした。

**因为价格贵，所以我没有买。**

Yīnwei jiàgé guì, suǒyǐ wǒ méiyou mǎi.

> この文は因果関係を表す"因为…所以…"の文型を使って訳します。"因为"と"所以"は，両方またはどちらかを省略してもかまいません。"价格"は"价钱 jiàqian"としてもかまいません。「買いませんでした」を"不买了"とした答案が目立ちましたが，"不买了"は「買わないことにした」で，ここでは使えません。

(3) 彼は友達に電話をかけているところです。

**他在给朋友打电话呢。** Tā zài gěi péngyou dǎ diànhuà ne.

> 「電話をかけているところ」は，進行形の文型を使って訳します。中国語の動作の進行を表す文型は，動詞（句）の前に"正"，"正在"，"在"などの副詞を用います。また，文末に語気助詞の"呢"を用いただけでも動作の進行を表すことができます。

(4) 姉はわたしより3歳年上です。

**我姐姐比我大三岁。** Wǒ jiějie bǐ wǒ dà sān suì.

> 「AはBより…だ」というときには，"A 比 B…"という比較文を用います。「年齢が上である」という意味を表す形容詞は"大"です。"我姐姐"は"我"を省略して"姐姐"だけでもかまいません。"三岁"は補語で，述語"大"の後に置かなければなりません。

(5) このお菓子はどうやって作ったのですか。

**这个点心是怎么做的？** Zhège diǎnxin shì zěnme zuò de?

> お菓子がすでに作られていることは分かっていて，「どうやって作ったか」という方法を聞いているわけですから，"是…的"の構文を使って訳します。"点心"は"糕点 gāodiǎn"としてもかまいません。「どうやって」は"怎样 zěnyàng"，"如何 rúhé"などとも訳せます。

# 第 87 回
(2015 年 11 月)

**問 題**
　リスニング ……………………… 38
　筆　記 …………………………… 42
　　解答時間：計 100 分
　　配点：リスニング 100 点，筆記 100 点

**解答と解説**
　リスニング ……………………… 48
　筆　記 …………………………… 60

# リスニング （⇨解答と解説48頁）

1. (1)～(5)の中国語の問いを聞き，答えとして最も適当なものを，それぞれ①～④の中から1つ選び，その番号を解答欄にマークしなさい。　　　　　(25点)

(1)
　① ② ③ ④

(2)
　① ② ③ ④

(3)
　① ② ③ ④

(4)
　① ② ③ ④

(5)
　① ② ③ ④

2. (6)〜(10)のAとBの対話を聞き，Bの発話に続くAのことばとして最も適当なものを，それぞれ①〜④の中から1つ選び，その番号を解答欄にマークしなさい。

(25点)

(6)

① ② ③ ④

(7)

① ② ③ ④

(8)

① ② ③ ④

(9)

① ② ③ ④

(10)

① ② ③ ④

2 中国語を聞き，(1)～(10)の問いの答えとして最も適当なものを，それぞれ①～④の中から1つ選び，その番号を解答欄にマークしなさい。　(50点)

メモ欄

(1)～(5)の問いは音声のみで，文字の印刷はありません。

(1)　①　②　③　④

(2)　①　②　③　④

(3)　①　②　③　④

(4)　①　②　③　④

(5)　①　②　③　④

メモ欄

第87回 問題 [リスニング]

(6) 李阿姨今年多大年纪了?
① ② ③ ④

(7) 生活在北京的是谁?
① ② ③ ④

(8) 李阿姨的二儿子是做什么工作的?
① ② ③ ④

(9) 李阿姨的二女儿在天津工作多长时间了?
① ② ③ ④

(10) 李阿姨给孩子们准备了什么?
① ② ③ ④

41

**筆 記**（⇨解答と解説60頁）

**1** 1. (1)〜(5)の中国語と声調の組み合わせが同じものを，それぞれ①〜④の中から1つ選び，その番号を解答欄にマークしなさい。　　　　　　　　　　　　　　（10点）

(1) 手续　　　　① 温度　　　② 时代　　　③ 考试　　　④ 滑雪

(2) 性格　　　　① 题目　　　② 危险　　　③ 条件　　　④ 幸福

(3) 印象　　　　① 自然　　　② 兴趣　　　③ 空气　　　④ 提供

(4) 空调　　　　① 动物　　　② 首都　　　③ 银行　　　④ 生词

(5) 超市　　　　① 希望　　　② 菜单　　　③ 技术　　　④ 操场

2. (6)〜(10)の中国語の正しいピンイン表記を，それぞれ①〜④の中から1つ選び，その番号を解答欄にマークしなさい。　　　　　　　　　　　　　　（10点）

(6) 奇怪　　　　① qíkuài　　② jíguài　　③ qíguài　　④ jíkuài

(7) 年轻　　　　① niángjīn　② niángjīng　③ niánqīn　④ niánqīng

(8) 顺便　　　　① shùnbiàn　② sùnbiàn　③ sùnpiàn　④ shùnpiàn

(9) 特产　　　　① téchǎn　　② tèchǎn　　③ tèchān　　④ téchān

(10) 观众　　　　① guānzhèng　② guānzhòng　③ kuānzhèng　④ kuānzhòng

## 2

(1)～(10)の中国語の空欄を埋めるのに最も適当なものを，それぞれ①～④の中から1つ選び，その番号を解答欄にマークしなさい。　　　　　　　　　　(20点)

(1) 这家饭店的菜我哪个（　　）想尝尝。
　　① 都　　　　② 也　　　　③ 还　　　　④ 又

(2) 星期天他不是去图书馆，（　　）去游泳。
　　① 就是　　　② 也是　　　③ 但是　　　④ 还是

(3) 看（　　），他好像不太愿意。
　　① 过来　　　② 起来　　　③ 上来　　　④ 下来

(4) 他汉字写（　　）比我漂亮多了。
　　① 的　　　　② 了　　　　③ 得　　　　④ 地

(5) 我（　　）她的歌声吸引了。
　　① 把　　　　② 对　　　　③ 跟　　　　④ 被

(6) 这个纸袋太小了，一斤枣儿都（　　）。
　　① 装得下　　② 装得上　　③ 装不下　　④ 装不满

(7) 见到你，他一定（　　）很高兴的。
　　① 想　　　　② 可以　　　③ 应该　　　④ 会

(8) 我明天晚上要去看一（　　）足球比赛。
　　① 片　　　　② 场　　　　③ 顿　　　　④ 遍

(9) （　　）努力，就一定能成功。
　　① 只要　　　② 不但　　　③ 还是　　　④ 即使

(10) （　　）明天下不下雨，我们都去。
　　① 虽然　　　② 如果　　　③ 不管　　　④ 因为

3  1. (1)〜(5)の日本語の意味に合う中国語を，それぞれ①〜④の中から1つ選び，その番号を解答欄にマークしなさい。　　　　　　　　　　　　　　　　　(10点)

(1) 彼は北京へ行ってもう2年になります。

　① 他去都北京两年了。

　② 他去北京都两年了。

　③ 他都两年去北京了。

　④ 他都北京去两年了。

(2) きのうのコンサートには8000人が来た。

　① 来了8000人昨天的音乐会。

　② 昨天的音乐会来了8000人。

　③ 8000人来了昨天的音乐会。

　④ 来了昨天的音乐会8000人。

(3) わたしは両親と一緒に住んでいません。

　① 我跟父母一起没住。

　② 我没一起住跟父母。

　③ 我没跟父母一起住。

　④ 我没一起跟父母住。

(4) 父はわたしにバイクで通学するなと言います。

　① 爸爸不让我骑摩托车去学校。

　② 爸爸让我不骑摩托车去学校。

　③ 爸爸让我去学校不骑摩托车。

　④ 爸爸不让我去学校骑摩托车。

(5) 冬休みになったらわたしは中国へ旅行に行きます。

　① 我等了放寒假就去旅行中国。

　② 等放了寒假我就去旅行中国。

　③ 我就去等寒假放了中国旅行。

　④ 等放了寒假我就去中国旅行。

44

2. (6)～(10)の日本語の意味になるように，それぞれ①～④を並べ替えたとき，[ ]内に入るものはどれか，その番号を解答欄にマークしなさい。　　（10点）

(6) この歌はわたしは一度しか聞いたことがありません。

　　这首歌＿＿＿＿＿［＿＿＿＿＿］＿＿＿＿＿＿＿＿＿＿。

　　① 我　　　　② 一次　　　　③ 听过　　　　④ 只

(7) この事はあなたは誰から聞いたのですか。

　　这件事你＿＿＿＿＿＿＿＿＿＿［＿＿＿＿＿］＿＿＿＿＿？

　　① 说　　　　② 谁　　　　③ 的　　　　④ 听

(8) 父は毎日歩いて会社に行きます。

　　爸爸每天＿＿＿＿＿［＿＿＿＿＿］＿＿＿＿＿＿＿＿＿＿。

　　① 去　　　　② 走着　　　　③ 公司　　　　④ 都

(9) わたしは自分の名前を人に知られたくない。

　　我不想［＿＿＿＿＿］＿＿＿＿＿＿＿＿＿＿＿＿＿＿＿。

　　① 人　　　　② 我的名字　　　　③ 让　　　　④ 知道

(10) それをわたしにちょっと見せてください。

　　请＿＿＿＿＿＿＿＿＿＿［＿＿＿＿＿］＿＿＿＿＿看看。

　　① 给　　　　② 那个　　　　③ 我　　　　④ 把

4 次の文章を読み，(1)～(6)の問いの答えとして最も適当なものを，それぞれ①～④の中から1つ選び，その番号を解答欄にマークしなさい。　　　　　(20点)

　　我是一个意大利留学生。我从小就对中国非常感兴趣，考上大学后开始学习汉语。去年我通过了我们学校交换留学生的考试来到了北京。我以前没来过中国，当我知道我可以在中国的大学免费学习后，我高兴得觉都睡不着了，　(1)　我小时候的梦想终于要实现了。

　　刚到北京，我　(2)　被这里的一切震惊了。这里　(3)　有最现代的高楼大厦、交通工具，　(3)　还有最传统、最古老的中国文化。想像一下，在最现代的城市里感受着最古老的文化，这是一　(4)　多么美妙的事情啊！在北京住的时间越长我就越喜欢北京。北京的名胜古迹，比如长城、故宫、天坛、颐和园等我几乎都去过了。我最喜欢长城，我已经爬了好几次长城了。中国人常说：不到长城非好汉。按照这个标准，我已经是一个真正的好汉了。

　　我在北京学习已经快一年了，我　(5)　不想回去了。我打算大学毕业后，马上再来中国留学，更多、更深地了解中国，将来在我们的国家当一名汉语老师。

(1) 空欄(1)を埋めるのに適当なものは，次のどれか。
　　① 虽然　　　② 所以　　　③ 因为　　　④ 但是

(2) 空欄(2)を埋めるのに適当なものは，次のどれか。
　　① 就　　　② 把　　　③ 对　　　④ 使

(3) 2か所の空欄(3)を埋めるのに適当なものは，次のどれか。
　　① 尽管…也…　② 不但…而且…　③ 因为…所以…　④ 虽然…但是…

(4) 空欄(4)を埋めるのに適当なものは，次のどれか。
　　① 条　　　② 张　　　③ 本　　　④ 件

(5) 空欄(5)を埋めるのに適当なものは，次のどれか。
　　① 再　　　② 就　　　③ 还　　　④ 都

(6) 本文の内容と一致するものは，次のどれか。
① 我不是学了汉语以后才对中国感兴趣的。
② 我喜欢中国，我已经来中国留学了好几次。
③ 交换留学结束后，我会继续留在中国学习。
④ 我小时候的梦想就是将来当一名汉语老师。

5  (1)～(5)の日本語を中国語に訳し，漢字（簡体字）で解答欄に書きなさい。
（漢字は崩したり略したりせずに書き，文中・文末には句読点や疑問符をつけること。）

(20点)

(1) この学生は賢くて，またよく勉強します。

(2) 王さん，あなたはきのう何時に着いたのですか。

(3) 地下鉄の駅にはどう行ったらいいですか。

(4) こんなにたくさんの料理はわたしは食べ切れません。

(5) もしあした暇があれば，うちに遊びに来てください。

# リスニング

## 1

解答：1.(1)❸ (2)❹ (3)❷ (4)❷ (5)❶  2.(6)❷ (7)❸ (8)❶ (9)❹ (10)❸

**1. 一問一答**：日常会話のなかでよく使われる問いの文に対して正確に答えることができるかどうかが問われています。 (5点×5)

04 (1) 問：从这儿到机场远吗？
　　　　Cóng zhèr dào jīchǎng yuǎn ma?

　　答：① 去日本的飞机很多。
　　　　　Qù Rìběn de fēijī hěn duō.

日本行きの飛行機は多いです。

　　　② 去日本的飞机票很贵。
　　　　　Qù Rìběn de fēijīpiào hěn guì.

日本行きの航空券は高いです。

　　　❸ 很远，最好坐出租车去。
　　　　　Hěn yuǎn, zuì hǎo zuò chūzūchē qù.

遠いです，できればタクシーで行ったほうがいいです。

　　　④ 从这儿到邮局不太远。
　　　　　Cóng zhèr dào yóujú bú tài yuǎn.

ここから郵便局まではあまり遠くありません。

ここから空港までは遠いですか。

　2点間の距離を尋ねているので，③④が候補となりますが，④は「空港まで」ではなく「郵便局まで」の距離を答えているので除外され，③が正解です。

05 (2) 問：你让小王给我打个电话，好吗？
　　　　Nǐ ràng Xiǎo Wáng gěi wǒ dǎ ge diànhuà, hǎo ma?

王さんにわたしに電話をくれるように言ってもらえますか。

　　答：① 我已经给你打电话了。
　　　　　Wǒ yǐjīng gěi nǐ dǎ diànhuà le.

わたしはもうあなたに電話をしました。

　　　② 好，那你给他打吧。
　　　　　Hǎo, nà nǐ gěi tā dǎ ba.

分かりました。ではあなたは彼に電話してください。

　　　③ 我昨天给小王打电话了。Wǒ zuótiān gěi Xiǎo Wáng dǎ diànhuà le.

わたしはきのう王さんに電話しました。

　　　❹ 好，我一定告诉他。
　　　　　Hǎo, wǒ yídìng gàosu tā.

分かりました。必ず彼に伝えます。

①は「わたしがあなたに電話する」となっているので，不正解。②も「あなたが彼に電話する」ということで会話が成立しません。③は，問いはこれからのことを言っていますから，「すでに電話した」では時制が一致しません。「必ず伝える」とこれからの行動を言っている④が正解です。

06 (3) 問：你明天能来一下吗？
　　　　　Nǐ míngtiān néng lái yíxià ma?

あなたはあしたちょっと来られますか。

　　　答：① 我今天不能来了。
　　　　　　Wǒ jīntiān bù néng lái le.

わたしはきょう来られなくなりました。

　　　　　❷ 明天我有事，后天吧。
　　　　　　Míngtiān wǒ yǒu shì, hòutiān ba.

あしたは用事があるので，あさってにしてください。

　　　　　③ 有机会我想去看看。
　　　　　　Yǒu jīhui wǒ xiǎng qù kànkan.

機会があれば見に行ってみたいです。

　　　　　④ 昨天下午我也没来。
　　　　　　Zuótiān xiàwǔ wǒ yě méi lái..

きのうの午後はわたしも来ませんでした。

　あした来ることができるかどうかを聞いているのに，①はきょうのこと，④はきのうのことを答えているので除外されます。③は"有机会"(機会があれば）ということなので，これも除外され，あしたの都合を述べている②が正解です。

07 (4) 問：欢迎光临！您想买点儿什么？ Huānyíng guānglín! Nín xiǎng mǎidiǎnr shénme?

いらっしゃいませ。何をお求めですか。

　　　答：① 这是最新的样子。
　　　　　　Zhè shì zuì xīn de yàngzi.

これは最新のデザインです。

　　　　　❷ 我想买件衬衫。
　　　　　　Wǒ xiǎng mǎi jiàn chènshān.

わたしはワイシャツを買いたいのですが。

　　　　　③ 您慢慢儿看吧。
　　　　　　Nín mànmānr kàn ba.

ごゆっくりご覧ください。

　　　　　④ 我买了一件衬衫。
　　　　　　Wǒ mǎile yí jiàn chènshān.

わたしはワイシャツを1枚買いました。

　「何を買いたいのか」を尋ねられているので，"想买…"（…を買いたい）と答えている②が正解です。

49

08 (5) 問：你喜欢看什么电影？　　　　　　　どんな映画が好きですか。
　　　　Nǐ xǐhuan kàn shénme diànyǐng?

　　答：❶ 我喜欢看日本电影。　　　　　　わたしは日本映画が好きです。
　　　　　Wǒ xǐhuan kàn Rìběn diànyǐng.

　　　　② 他喜欢看中国电影。　　　　　　彼は中国映画が好きです。
　　　　　Tā xǐhuan kàn Zhōngguó diànyǐng.

　　　　③ 我平时不太看电视。　　　　　　わたしは普段あまりテレビを見ま
　　　　　Wǒ píngshí bú tài kàn diànshì.　　せん。

　　　　④ 他经常看美国电影。　　　　　　彼はよくアメリカ映画を観ます。
　　　　　Tā jīngcháng kàn Měiguó diànyǐng.

"你"に対して発せられた質問文なので，主語が"我"のものを選ばなくてはなりません。したがって"他"を主語に答えている②④は除外されます。「どんな映画が好きか」と尋ねられているので，"日本电影"（日本映画）がと答えている①が正解です。

2. 二人三話：（ＡＢ２人の問答に続く２回目のＡの発話を選びます。）問いと答えだけで終わるのではなく，相手の答えに対してもう一度反応を示すことができるかどうかを問うています。

(5点×5)

10 (6) Ａ：你怎么了，不舒服吗？　　　　　どうしたの，気分が悪いのですか。
　　　　Nǐ zěnme le, bù shūfu ma?

　　Ｂ：我有点儿头疼。Wǒ yǒudiǎnr tóuténg.　　ちょっと頭痛がします。

　　Ａ：① 我有点儿发烧。Wǒ yǒudiǎnr fāshāo.　　ちょっと熱があります。

　　　　❷ 你昨天晚上没睡好吧？　　　　　昨晩ちゃんと眠らなかったので
　　　　　Nǐ zuótiān wǎnshang méi shuìhǎo ba?　は？

　　　　③ 你怎么没听懂？　　　　　　　　どうして聞いて分からないの？
　　　　　Nǐ zěnme méi tīngdǒng?

　　　　④ 我还有点儿咳嗽。　　　　　　　わたしはちょっと咳も出ます。
　　　　　Wǒ hái yǒudiǎnr késou.

　　③は話題の流れを考えると完全に除外されます。①④はＡの体調が述べられ，話題としては外れていませんが，初めにＢの体調を気遣って"不舒服吗?"と聞いたＡの言葉としては不自然です。Ｂの頭痛の原因を推測している②が最もストレートな受け答えと考えられますので，こ

れが正解です。

**11 (7)** A：我们今晚去卡拉OK，你想去吗？
Wǒmen jīnwǎn qù kǎlāOK, nǐ xiǎng qù ma?
わたしたちは今晩カラオケに行きますが，あなたは行きたいですか。

B：太好了，我也去。你们一共几个人？
Tài hǎo le, wǒ yě qù. Nǐmen yígòng jǐ ge rén?
いいですね，わたしも行きます。全部で何人ですか。

A：① 我家一共有五口人。
Wǒ jiā yígòng yǒu wǔ kǒu rén.
我が家は全部で5人です。

② 他们一共有五个人。
Tāmen yígòng yǒu wǔ ge rén.
彼らは全部で5人います。

❸ 我们有五个人去。
Wǒmen yǒu wǔ ge rén qù.
わたしたちは5人で行きます。

④ 他们不会唱中文歌。
Tāmen bú huì chàng Zhōngwén gē.
彼らは中国語の歌が歌えません。

カラオケに行く人数を尋ねているので，まず人数について答えていない④は除外し，①は家族の人数を言っているのでこれも除外します。"你们"と尋ねているので"我们"で答えている③が正解です。

**12 (8)** A：今天真冷啊！
Jīntiān zhēn lěng a!
きょうは本当に寒いですね。

B：听说下午会下大雪。
Tīngshuō xiàwǔ huì xià dàxuě.
午後は大雪が降るそうです。

A：❶ 那我得多穿点儿。
Nà wǒ děi duō chuān diǎnr.
では少し厚着をしなければいけませんね。

② 我一点儿也不冷。
Wǒ yìdiǎnr yě bù lěng.
わたしは少しも寒くありません。

③ 我也不会滑雪。
Wǒ yě bú huì huáxuě.
わたしもスキーができません。

④ 我也听说下午有雨。
Wǒ yě tīngshuō xiàwǔ yǒu yǔ.
わたしも午後は雨だと聞きました。

③④は，会話の内容に合わないので除外されます。はじめにAは「きょうは本当に寒いですね」と言っているので，「少しも寒くない」という

第87回 解答と解説 ［リスニング］

②は除外され，①が正解となります。

13 (9) A：快1点了，咱们去食堂吃饭吧。Kuài yì diǎn le, zánmen qù shítáng chī fàn ba.　もうすぐ1時です，食堂に行って食事をしましょう。

B：好，今天你想吃什么？
Hǎo, jīntiān nǐ xiǎng chī shénme?　はい，きょうあなたは何を食べたいですか。

A：① 我也喜欢做炒饭。
　　 Wǒ yě xǐhuan zuò chǎofàn.　わたしもチャーハンを作るのが好きです。

② 昨天我想去买东西。
　 Zuótiān wǒ xiǎng qù mǎi dōngxi.　きのうわたしは買い物に行こうと思っていました。

③ 我们去喝杯咖啡吧。
　 Wǒmen qù hē bēi kāfēi ba.　コーヒーを飲みに行きましょう。

❹ 我想吃碗面条儿。
　 Wǒ xiǎng chī wǎn miàntiáor.　わたしは麺を食べたいです。

「食堂に行って食事しよう」と誘われたのに対して「何を食べたいか」と尋ねているので，「麺を食べたい」と答えている④が正解です。①②③の返答は質問の内容に合いません。

14 (10) A：你什么时候开始学英语的？
Nǐ shénme shíhou kāishǐ xué Yīngyǔ de?　あなたはいつ英語を習い始めたのですか。

B：小学一年级的时候。
Xiǎoxué yī niánjí de shíhou.　小学校1年生の時です。

A：① 她还差得远呢。
　　 Tā hái chàde yuǎn ne.　彼女はまだまだです。

② 我不是昨天去的。
　 Wǒ bú shì zuótiān qù de.　わたしはきのう行ったのではありません。

❸ 那你一定说得很好了。
　 Nà nǐ yídìng shuōde hěn hǎo le.　ではきっと話すのが上手でしょうね。

④ 他英语说得很好。
　 Tā Yīngyǔ shuōde hěn hǎo.　彼は英語を話すのが上手です。

Aは最初の発話で"你"と尋ねているので，三人称の主語で答えている①④は除外されます。Bは小学校1年生から英語を学び始めたと答えているので，その受け答えとしては②は除外され，③が正解です。

52

## 2 長文聴解：

解答： ❶ (2)❸ (3)❶ (4)❶ (5)❹ (6)❶ (7)❶ (8)❹ (9)❹ (10)❸

会話文の聞き取り：王先生の研究室移転の話題です。ややテンポの速い会話についていけるかどうかが問われています。

(5点×5)

16　A：王老师，最近一直没见到你，忙什么呢？
　　　Wáng lǎoshī, zuìjìn yìzhí méi jiàndào nǐ, máng shénme ne?

　　B：这两个月(1)一直在忙着搬家。
　　　Zhè liǎng ge yuè yìzhí zài mángzhe bānjiā.

　　A：你又搬家了？(2)你不是去年搬的家吗？
　　　Nǐ yòu bānjiā le? Nǐ bú shì qùnián bān de jiā ma?

　　B：不是我搬家，(2)是我们学校搬家。
　　　Bú shì wǒ bānjiā, shì wǒmen xuéxiào bānjiā.

　　A：你们学校搬哪儿去了？
　　　Nǐmen xuéxiào bān nǎr qù le?

　　B：我们学校搬到郊外去了。
　　　Wǒmen xuéxiào bāndào jiāowài qù le.

　　A：整个学校都搬过去了吗？
　　　Zhěnggè xuéxiào dōu bānguoqu le ma?

　　B：不，(3)只有我们中文系和外语系搬过去了。
　　　Bù, zhǐyǒu wǒmen Zhōngwén xì hé wàiyǔ xì bānguoqu le.

　　A：那其他的系还在原来的地方啊。
　　　Nà qítā de xì hái zài yuánlái de dìfang a.

　　B：对，听说经济系和法律系明年搬。
　　　Duì, tīngshuō jīngjì xì hé fǎlǜ xì míngnián bān.

17　A：新的地方怎么样？
　　　Xīn de dìfang zěnmeyàng?

　　B：新的地方大多了，就是远了一点儿。
　　　Xīn de dìfang dà duō le, jiù shì yuǎn le yìdiǎnr.

　　A：上下班要花很长时间吧？
　　　Shàng xià bān yào huā hěn cháng shíjiān ba?

　　B：是啊，(4)往返要两个半小时。
　　　Shì a, wǎngfǎn yào liǎng ge bàn xiǎoshí.

　　A：你每天怎么去学校啊？
　　　Nǐ měi tiān zěnme qù xuéxiào a?

　　B：(5)现在是坐公共汽车，以后我想自己开车上下班。
　　　Xiànzài shì zuò gōnggòng qìchē, yǐhòu wǒ xiǎng zìjǐ kāichē shàng xià bān.

　　A：为什么要自己开车呢？
　　　Wèi shénme yào zìjǐ kāichē ne?

　　B：坐公共汽车的人太多了。
　　　Zuò gōnggòng qìchē de rén tài duō le.

　　A：你说得对，不过，你会开车吗？
　　　Nǐ shuōde duì, búguò, nǐ huì kāichē ma?

53

B：我三年前就学会了，只是没买到 Wǒ sān nián qián jiù xuéhuì le, zhǐshì
　　合适的车。 méi mǎidào héshì de chē.

訳：
A：王先生，このところずっとお見かけしませんでしたが，どうされていたのですか。
B：この２か月(1)ずっと引っ越しで忙しくしていました。
A：また引っ越されたのですか。(2)去年引っ越されたのではなかったですか。
B：わたしが引っ越したのではなくて，(2)わたしの学校が引っ越したのです。
A：先生の学校はどこに引っ越したのですか。
B：郊外に引っ越しました。
A：学校全体が引っ越したのですか。
B：いいえ，(3)わたしたちの中国語学部と外国語学部だけが移りました。
A：では他の学部はまだ元の場所にあるのですね。
B：そうです，経済学部と法学部は来年移るそうです。
A：新しい所はどうですか。
B：新しい所はずっと広くなりましたが，ただちょっと遠くなりました。
A：通勤にはずいぶん時間がかかるのでしょうね。
B：そうなのです，(4)往復で２時間半かかります。
A：毎日どのようにして学校に行っているのですか。
B：(5)今はバスですが，これからは自分で車を運転して通勤しようと思っています。
A：どうして自分で運転しようと思われるのですか。
B：バスに乗る人が多すぎるからです。
A：そうですね。でも，先生は運転がおできになるのですか。
B：３年前に免許は取ったのですが，適当な車を買っていないのです。

**18** (1) 問：王老师最近在干什么？ 王先生は最近何をしていますか。
　　　　　Wáng lǎoshī zuìjìn zài gàn shénme?

　　答：❶ 他一直忙着搬家。 ずっと引っ越しで忙しくしています。
　　　　　Tā yìzhí mángzhe bānjiā.
　　　② 他最近正在找工作呢。 最近仕事を探しています。
　　　　　Tā zuìjìn zhèngzài zhǎo gōngzuò ne.
　　　③ 他最近正在学外语呢。 最近外国語を勉強しています。
　　　　　Tā zuìjìn zhèngzài xué wàiyǔ ne.

④ 他最近正在学开车呢。　　　　　最近車の運転を習っています。
　　Tā zuìjìn zhèngzài xué kāichē ne.

　　王先生が"一直忙着搬家"と言っているのを聞き取ります。

19 (2) 問：王老师是什么时候搬的家？　　王先生はいつ引っ越したので
　　　　Wáng lǎoshī shì shénme shíhou bān de jiā?　すか。

　　答：① 他是两个月前搬的。　　　　2か月前に引っ越しました。
　　　　　Tā shì liǎng ge yuè qián bān de.

　　　　② 他是三年以前搬的。　　　　3年前に引っ越しました。
　　　　　Tā shì sān nián yǐqián bān de.

　　　　❸ 他是去年刚刚搬的。　　　　去年引っ越したばかりです。
　　　　　Tā shì qùnián gānggāng bān de.

　　　　④ 他是两小时前搬的。　　　　2時間前に引っ越しました。
　　　　　Tā shì liǎng xiǎoshí qián bān de.

　　相手が"你不是去年搬的家吗？"と言っているのに対して"…是我们学校搬家"と答えているのを聞き取ります。

20 (3) 問：已经搬到新的地方的是哪几个系？　すでに新しい場所に移ったのはどの
　　　　Yǐjīng bāndào xīn de dìfang de shì nǎ jǐ ge xì?　学部とどの学部ですか。

　　答：❶ 中文系和外语系。　　　　　中国語学部と外国語学部。
　　　　　Zhōngwén xì hé wàiyǔ xì.

　　　　② 物理系和教育系。　　　　　物理学部と教育学部。
　　　　　Wùlǐ xì hé jiàoyù xì.

　　　　③ 中文系和教育系。　　　　　中国語学部と教育学部。
　　　　　Zhōngwén xì hé jiàoyù xì.

　　　　④ 经济系和法律系。Jīngjì xì hé fǎlǜ xì.　経済学部と法学部。

　　王先生が"只有我们中文系和外语系搬过去了"と言っているのを聞き取ります。

21 (4) 問：王老师现在上下班要多长时间？　王先生は現在通勤にどれく
　　　　Wáng lǎoshī xiànzài shàng xià bān yào duō　らい時間がかかりますか。
　　　　cháng shíjiān?

答：❶ 往返要两个半小时。　　　　　　　往復で2時間半かかる。
　　　 Wǎngfǎn yào liǎng ge bàn xiǎoshí.
　　② 往返不到两个半小时。　　　　　　往復で2時間半はかからない。
　　　 Wǎngfǎn bú dào liǎng ge bàn xiǎoshí.
　　③ 去学校超过两个半小时。　　　　　学校に行くのに2時間半を
　　　 Qù xuéxiào chāoguò liǎng ge bàn xiǎoshí.　超える。
　　④ 回家不超过半个小时。　　　　　　帰宅するのに30分は超えない。
　　　 Huí jiā bù chāoguò bàn ge xiǎoshí.

王先生が"往返要两个半小时"と言っているのを聞き取ります。

22 (5) 問：王老师打算今后怎样上下班？ Wáng lǎoshī dǎsuan jīnhòu zěnyàng shàng xià bān?　　王先生は今後どのようにして通勤するつもりですか。

答：① 跟现在一样坐公共汽车上下班。　　現在同様バスで通勤する。
　　　 Gēn xiànzài yíyàng zuò gōnggòng qìchē shàng xià bān.
　　② 跟现在一样自己开车上下班。Gēn xiànzài yíyàng zìjǐ kāichē shàng xià bān.　現在同様自分で車を運転して通勤する。
　　③ 学会开车后自己开车上下班。Xuéhuì kāichē hòu zìjǐ kāichē shàng xià bān.　車の運転ができるようになったら自分で運転して通勤する。
　　❹ 他希望能开自己的车上下班。Tā xīwàng néng kāi zìjǐ de chē shàng xià bān.　自分の車を運転して通勤できることを希望している。

王先生が"现在是坐公共汽车，以后我想自己开车上下班"と答えているところを聞き取ります。

**文章の聞き取り**：李おばさん70歳の誕生日に子供たち4人が各地から駆けつけて祝います。
　　　　　　　　　　　　　　　　　　　　　　　　　　　　　　　(5点×5)

30　李阿姨有四个孩子。(7)大女儿在北京的一所中学当英语老师，大儿子是开出租汽车的；(8)二儿子是一家外国公司的职员，在上海工作。(9)李阿姨的二女儿是医生，在天津工作快十年了。
　　(6)上星期李阿姨过七十岁生日的时候，孩子们都从各地回家看她来了，李阿姨非常高兴。孩子们都有自己的家庭，而且工作都很忙，平时不能经常回家。特别是二儿子离得最远，一年只能回家一、两次，不过他每星期都给李阿姨打电话。

56

(10)李阿姨事先做了不少孩子们喜欢吃的东西，孩子们也都给妈妈准备了礼物。两个女儿给李阿姨买的都是衣服，大儿子买的是手机，二儿子的礼物是茶叶。李阿姨说："虽然你们都不在我身边，但看到你们都健康、幸福，我就满足了。我希望我过八十岁生日的时候，还能像今天一样。"

Lǐ āyí yǒu sì ge háizi. Dà nǚ'ér zài Běijīng de yì suǒ zhōngxué dāng Yīngyǔ lǎoshī, dà érzi shì kāi chūzū qìchē de; èr érzi shì yì jiā wàiguó gōngsī de zhíyuán, zài Shànghǎi gōngzuò. Lǐ āyí de èr nǚ'ér shì yīshēng, zài Tiānjīn gōngzuò kuài shí nián le.

Shàng xīngqī Lǐ āyí guò qīshí suì shēngrì de shíhou, háizimen dōu cóng gè dì huí jiā kàn tā lái le, Lǐ āyí fēicháng gāoxìng. Háizimen dōu yǒu zìjǐ de jiātíng, érqiě gōngzuò dōu hěn máng, píngshí bù néng jīngcháng huí jiā. Tèbié shì èr érzi líde zuì yuǎn, yì nián zhǐ néng huí jiā yì, liǎng cì, búguò tā měi xīngqī dōu gěi Lǐ āyí dǎ diànhuà.

Lǐ āyí shìxiān zuòle bùshǎo háizimen xǐhuan chī de dōngxi, háizimen yě dōu gěi māma zhǔnbèile lǐwù. Liǎng ge nǚ'ér gěi Lǐ āyí mǎi de dōu shì yīfu, dà érzi mǎi de shì shǒujī, èr érzi de lǐwù shì cháyè. Lǐ āyí shuō: "Suīrán nǐmen dōu bú zài wǒ shēnbiān, dàn kàndào nǐmen dōu jiànkāng, xìngfú, wǒ jiù mǎnzú le. Wǒ xīwàng wǒ guò bāshí suì shēngrì de shíhou, hái néng xiàng jīntiān yíyàng."

訳：李おばさんには4人子供がいます。(7)長女は北京のある中学校で英語の教師をしていて，長男はタクシーの運転手です。(8)次男は外国企業の社員で，上海で働いています。(9)李おばさんの次女は医者で，天津で働いてもうすぐ10年になります。

(6)先週，李おばさんの70歳の誕生日の時，子供たちはみな各地から彼女に会うために家に帰って来たので，李おばさんはたいへん喜びました。子供たちはみな自分の家庭があり，その上仕事でみな忙しいので，ふだんはそうしょっちゅう家に帰って来られません。とりわけ次男は最も遠く離れているので,1年に1、2度しか帰って来られませんが，李おばさんに毎週電話をしています。

(10)李おばさんは前もって子供たちが好きな食べ物を作り，子供たちもお母さんに贈り物を準備しました。2人の娘が李おばさんに買ったのは服で，長男が買った物は携帯電話，次男の贈り物はお茶の葉でした。李おばさんは「お前たちはわたしのそばにいないけれど，みんな健康で幸せなのを見て，わたしは満足だよ。80歳の誕生日の時にもやはりきょうと同じであって欲しいね」と言いました。

32 (6) 問：李阿姨今年多大年纪了?    李おばさんは今年何歳になりまし
    Lǐ āyí jīnnián duō dà niánjì le?    たか。

   答：❶ 七十岁。   Qīshí suì.      70歳。

     ② 七十五岁。Qīshiwǔ suì.     75歳。

     ③ 七十八岁。Qīshibā suì.     78歳。

     ④ 八十岁。   Bāshí suì.      80歳。

> "上星期李阿姨过七十岁生日的时候，孩子们都从各地回家看她来了"
> から，①を選びます。中国では節目となる10歳ごとに盛大な誕生日を
> 祝う習慣があります。

33 (7) 問：生活在北京的是谁?      北京で暮らしているのは誰
    Shēnghuó zài Běijīng de shì shéi?   ですか。

   答：❶ 大女儿和大儿子。Dà nǚ'ér hé dà érzi.   長女と長男。

     ② 大女儿和二女儿。Dà nǚ'ér hé èr nǚ'ér.   長女と次女。

     ③ 大儿子和二儿子。Dà érzi hé èr érzi.    長男と次男。

     ④ 二女儿和二儿子。Èr nǚ'ér hé èr érzi.    次女と次男。

> "大女儿在北京的一所中学当英语老师，大儿子是开出租汽车的"から，
> ①を選びます。

34 (8) 問：李阿姨的二儿子是做什么工作的?    李おばさんの次男はどんな
    Lǐ āyí de èr érzi shì zuò shénme gōngzuò de?   仕事をしていますか。

   答：① 英语教师。Yīngyǔ jiàoshī.      英語教師。

     ② 司机。    Sījī.        運転手。

     ③ 医生。    Yīshēng.       医者。

     ❹ 公司职员。Gōngsī zhíyuán.      会社員。

> "二儿子是一家外国公司的职员"から，④を選びます。

35 (9) 問：李阿姨的二女儿在天津工作多长时间了?   李おばさんの次女は天津で
    Lǐ āyí de èr nǚ'ér zài Tiānjīn gōngzuò duō   どれくらい働いていますか。
    cháng shíjiān le?

答：① 快两年了。Kuài liǎng nián le. 　　もうすぐ 2 年。

　　② 快四年了。Kuài sì nián le. 　　もうすぐ 4 年。

　　③ 快七年了。Kuài qī nián le. 　　もうすぐ 7 年。

　　❹ 快十年了。Kuài shí nián le. 　　もうすぐ 10 年。

"李阿姨的二女儿是医生，在天津工作快十年了"から，④を選びます。"多长时间了？"で時間の長さを尋ねています。"快…了"は「もうすぐ…だ」と，事柄の出現が差し迫っていることを強調します。

36 (10) 問：李阿姨给孩子们准备了什么？　　　李おばさんは子供たちに何
　　　　 Lǐ āyí gěi háizimen zhǔnbèile shénme?　を準備しましたか。

答：① 生日礼物。　　Shēngrì lǐwù. 　　誕生日プレゼント。

　　② 茶叶。　　　　Cháyè. 　　　　　お茶の葉。

　　❸ 爱吃的东西。　Ài chī de dōngxi. 　好きな食べ物。

　　④ 手机。　　　　Shǒujī. 　　　　　携帯電話。

"李阿姨事先做了不少孩子们喜欢吃的东西"から，③を選びます。"喜欢吃的东西"（好きな食べ物）と"爱吃的东西"は同じ意味です。

第87回　解答と解説　[リスニング]

59

## 筆 記

### 1

解答：1. (1)❸ (2)❹ (3)❷ (4)❹ (5)❶ 2. (6)❸ (7)❹ (8)❶ (9)❷ (10)❷

1. 発音　声調の組み合わせ：2音節の単語の声調パターンが身についているかどうかを問うている。初級中国語の学習では声母や韻母に注意が行き，声調がついおろそかになりがちです。単語を覚えるときは，声調もしっかり身につけましょう。

(2点×5)

(1) 手续 shǒuxù  
　　（手続き）
　　① 温度 wēndù　　（温度）
　　② 时代 shídài　　（時代）
　　❸ 考试 kǎoshì　　（テスト）
　　④ 滑雪 huáxuě　　（スキー）

(2) 性格 xìnggé  
　　（性格）
　　① 题目 tímù　　（テーマ）
　　② 危险 wēixiǎn　　（危険だ）
　　③ 条件 tiáojiàn　　（条件）
　　❹ 幸福 xìngfú　　（幸福／幸せだ）

(3) 印象 yìnxiàng  
　　（印象）
　　① 自然 zìrán　　（自然）
　　❷ 兴趣 xìngqù　　（興味）
　　③ 空气 kōngqì　　（空気）
　　④ 提供 tígōng　　（提供する）

(4) 空调 kōngtiáo  
　　（エアコン）
　　① 动物 dòngwù　　（動物）
　　② 首都 shǒudū　　（首都）
　　③ 银行 yínháng　　（銀行）
　　❹ 生词 shēngcí　　（新出単語）

(5) 超市 chāoshì  
　　（スーパー）
　　❶ 希望 xīwàng　　（希望する）
　　② 菜单 càidān　　（メニュー）
　　③ 技术 jìshù　　（技術）
　　④ 操场 cāochǎng　　（運動場）

2. **発音** 声母・韻母のピンイン表記：漢字で表記された単語を正確に発音しピンイン表記と一致させることができるかどうかが問われています。その単語を正確に発音できるかどうかは，ピンインによるチェックが効果的です。  (2点×5)

(6) 奇怪（不思議だ）
  ① qíkuài   ② jíguài   ❸ qíguài   ④ jíkuài

(7) 年轻（年が若い）
  ① niángjīn   ② niángjīng   ③ niánqīn   ❹ niánqīng

(8) 顺便（ついでに）
  ❶ shùnbiàn   ② sùnbiàn   ③ sùnpiàn   ④ shùnpiàn

(9) 特产（特産物）
  ① téchǎn   ❷ tèchǎn   ③ tèchān   ④ téchān

(10) 观众（観衆）
  ① guānzhèng   ❷ guānzhòng   ③ kuānzhèng   ④ kuānzhòng

2

解答：(1)❶ (2)❶ (3)❷ (4)❸ (5)❹ (6)❸ (7)❹ (8)❷ (9)❶ (10)❸

**空欄補充**：空欄に入る語はいずれも文法上のキーワードです。  (2点×10)

(1) 这家饭店的菜我哪个（ 都 ）想尝尝。　　このレストランの料理をわたし
　 Zhè jiā fàndiàn de cài wǒ nǎ ge dōu xiǎng　　はどれも味わってみたいです。
　 chángchang.

  ❶ 都 dōu   ② 也 yě   ③ 还 hái   ④ 又 yòu

> 副詞の問題です。不定詞の"哪个"に注目します。その"哪个"を受けて「いずれも，みな」という意味を表す①の"都"が正解となります。②"也"は「…も」，③"还"は「まだ，さらに」，④"又"は「また」（すでに実現された動作の繰り返し）を表します。

(2) 星期天他不是去图书馆,（ 就是 ）去游泳。　日曜日彼は図書館に行くので
　 Xīngqītiān tā bú shì qù túshūguǎn, jiù shì qù　　なければ，泳ぎに行きます。
　 yóuyǒng.

  ❶ 就是 jiù shì           ② 也是 yě shì
  ③ 但是 dànshì           ④ 还是 háishi

① "不是A，就是B"「Aでなければ，Bだ」という二者選択の呼応関係になっているので，①の"就是"が正解です。②"也是"は「…も…である」，③"但是"は逆接を表す接「だが，しかし」，④"还是"は接「それとも」で，"不是"とは呼応しません。

(3) 看（起来），他好像不太愿意。　　見たところ彼はあまり気が進まな
Kànqilai, tā hǎoxiàng bú tài yuànyì.　　いようだ。

① 过来 guolai　　❷ 起来 qilai　　③ 上来 shanglai　　④ 下来 xialai

複合方向補語の問題です。①"过来"は話し手の方に近づいてきたり，正常な状態に戻ること，③"上来"は下から上への動作や動作が完成に向かうこと，④"下来"は上から下への動作や動作が「動」から「静」へ安定することなどを表します。正解は②の"起来"で，この"看起来"は「見たところ…のようだ」という意味です。

(4) 他汉字写（得）比我漂亮多了。　　彼はわたしよりずっときれいに漢
Tā Hànzì xiěde bǐ wǒ piàoliang duō le.　　字を書く。

① 的 de　　② 了 le　　❸ 得 de　　④ 地 de

様態補語と比較の文が合体した問題です。様態補語を導く助詞は"得"なので正解は③です。①"的"は連体修飾語の後に，④"地"は連用修飾語の後に用い，②"了"は動作の完了を表すのに用います。

(5) 我（被）她的歌声吸引了。　　わたしは彼女の歌声にひきつけら
Wǒ bèi tā de gēshēng xīyǐn le.　　れました。

① 把 bǎ　　② 对 duì　　③ 跟 gēn　　❹ 被 bèi

介詞（前置詞）の問題です。①"把"は「…を」と目的語を，②"对"は「…に対して」と対象を，③"跟"は「…と」と動作の相手を，④"被"は「…に…される」と受身表現における行為者を表します。正解は④の"被"です。

(6) 这个纸袋太小了，一斤枣儿都（装不下）。　　この紙袋は小さすぎて，
Zhège zhǐdài tài xiǎo le, yì jīn zǎor dōu zhuāngbuxià.　　500グラムのナツメは詰め切れません。

① 装得下 zhuāngdexià  　　② 装得上 zhuāngdeshàng
❸ 装不下 zhuāngbuxià  　　④ 装不满 zhuāngbumǎn

 可能補語の問題です。方向補語の"下"は容量や空間があることを表します。①"装得下"は可能補語の肯定形で「詰め切れる」,③"装不下"は否定形で「詰め切れない」。②"装得上"は「取り付けられる」,④"装不満"は結果補語が可能補語の否定形になったもので,「入れて一杯にならない」という意味なので,③の"装不下"が正解です。

(7) 见到你，他一定（ 会 ）很高兴的。　　あなたに会ったら，彼はきっと喜ぶでしょう。
Jiàndào nǐ, tā yídìng huì hěn gāoxìng de.

 ① 想 xiǎng　　② 可以 kěyǐ　　③ 应该 yīnggāi　　❹ 会 huì

 助動詞の問題です。"见到你"が仮定になっているので，可能性を表す助動詞である④の"会"を選びます。①"想"は「…したい」という意志・願望を，②"可以"は条件が整っていて，あるいは許可されて「…できる」という可能性を，③"应该"は「…すべきだ」という義務を表す助動詞です。

(8) 我明天晚上要去看一（ 场 ）足球比赛。　　わたしはあしたの夜サッカーの試合を観に行くつもりです。
Wǒ míngtiān wǎnshang yào qù kàn yì chǎng zúqiú bǐsài.

 ① 片 piàn　　❷ 场 chǎng　　③ 顿 dùn　　④ 遍 biàn

 量詞（助数詞）の問題です。試合や芝居を数える量詞は②の"场"です。①"片"は平たく薄い物を，③"顿"は食事や叱責の回数を，④"遍"は動作の始まりから終わりまでの全過程を数えるのに用います。

(9) （ 只要 ）努力，就一定能成功。　　努力しさえすれば，きっと成功します。
Zhǐyào nǔlì, jiù yídìng néng chénggōng.

 ❶ 只要 zhǐyào　　② 不但 búdàn　　③ 还是 háishi　　④ 即使 jíshǐ

 接続詞の問題です。"只要A，就B"「Aさえすれば，Bだ」という呼応関係を表す①の"只要"が正解です。②"不但"は「…のみならず」，③"还是"は「…か，それとも…か」という選択疑問，④"即使"は「たとえ…としても」という仮定の譲歩を表す接続詞です。

63

⑽ （ 不管 ）明天下不下雨，我们都去。　　あした雨が降ろうが降るまいが，
　　Bùguǎn míngtiān xià bu xià yǔ, wǒmen dōu　わたしたちはみな行きます。
　　qù.

① 虽然 suīrán　　② 如果 rúguǒ　　❸ 不管 bùguǎn　　④ 因为 yīnwei

> 接続詞の問題です。"不管A，都B"「Aであろうとなかろうと，Bだ」という呼応関係で，いかなる条件があろうとも結論は変わらないことを表している③が正解です。①"虽然"は"虽然A，但是B"「Aではあるけれども，Bだ」，②"如果"は"如果A，就B"「もしもAならば，Bだ」，④"因为"は"因为A，所以B"「Aだから，Bだ」という呼応関係を表します。

# 3

解答：1. ⑴❷ ⑵❷ ⑶❸ ⑷❶ ⑸❹ 2. ⑹❹ ⑺❶ ⑻❷ ⑼❸ ⑽❶

1. **日文中訳（語順選択）**：文法上のキーワードを含む基本的な文を正確に組み立てることができるかどうかを問うています。　　　　　　　　　　　　　　　（2点×5）

⑴ 彼は北京へ行ってもう2年になります。
　① 他去都北京两年了。
　❷ 他去北京都两年了。Tā qù Běijīng dōu liǎng nián le.
　③ 他都两年去北京了。
　④ 他都北京去两年了。

> ②が正解です。"去"という動作自体は終わっていますが，その結果がまだ継続していることを文末の"了"が表しています。時間を表す補語の"两年"は動詞の後に，副詞"都"はここでは時間が長いことを強調していて，"两年"の前に置かれます。

⑵ きのうのコンサートには8000人が来た。
　① 来了8000人昨天的音乐会。
　❷ 昨天的音乐会来了8000人。Zuótiān de yīnyuèhuì láile bāqiān rén.
　③ 8000人来了昨天的音乐会。
　④ 来了昨天的音乐会8000人。

64

> 存在や出現を表す存現文は,「場所・時間+動詞+人・モノ」の語順で並べます。②が正解です。

(3) わたしは両親と一緒に住んでいません。
① 我跟父母一起没住。
② 我没一起住跟父母。
❸ 我没跟父母一起住。Wǒ méi gēn fùmǔ yìqǐ zhù.
④ 我没一起跟父母住。

> ③が正解です。介詞"跟"の否定は,否定詞"没"を前に置いて"没跟父母一起住"とします。現在の時点で動作がまだ実現していないことを述べていますので,否定詞には"没"を用います。

(4) 父はわたしにバイクで通学するなと言います。
❶ 爸爸不让我骑摩托车去学校。Bàba bú ràng wǒ qí mótuōchē qù xuéxiào.
② 爸爸让我不骑摩托车去学校。
③ 爸爸让我去学校不骑摩托车。
④ 爸爸不让我去学校骑摩托车。

> ①が正解です。使役文の否定は使役動詞の前で否定します。"骑摩托车去学校"はある手段を利用して動作を行うことを表す連動文です。

(5) 冬休みになったらわたしは中国へ旅行に行きます。
① 我等了放寒假就去旅行中国。
② 等放了寒假我就去旅行中国。
③ 我就去等寒假放了中国旅行。
❹ 等放了寒假我就去中国旅行。
Děng fàngle hánjià wǒ jiù qù Zhōngguó lǚxíng.

> ④が正解です。この"等"は「…してから,…になってから」と接続詞に近い働きをしていて,"就/再/才"と呼応します。"旅行"は自動詞で目的語を取ることができません。「冬休みになる」は"放寒假"で,完了を表す"了"は動詞"放"の後に付きます。

## 2. 日文中訳（語順整序）：与えられた語句を用いて正確に文を組み立てることができるかどうかを問うています。

(2点×5)

(6) この歌はわたしは一度しか聞いたことがありません。
这首歌 ① 我 [ ❹只 ] ③ 听过 ② 一次。
Zhè shǒu gē wǒ zhǐ tīngguo yí cì.

> 範囲を限定する副詞"只"は動詞の前に置き，動作の回数を表す"一次"は補語として動詞の後に置きます。正解は④"只"です。

(7) この事はあなたは誰から聞いたのですか。
这件事你 ④ 听 ② 谁 [ ❶说 ] ③ 的？
Zhè jiàn shì nǐ tīng shéi shuō de?

> "听说"は「"听"+人+"说"」の形で情報の出どころを表すことができます。この"的"は"是…的"構文の"的"です。正解は①"说"です。

(8) 父は毎日歩いて会社に行きます。
爸爸每天 ④ 都 [ ❷走着 ] ① 去 ③ 公司。
Bàba měi tiān dōu zǒuzhe qù gōngsī.

> 同一主語が二つの動詞を伴う場合，前の動詞に"着"が付き，後の動作がどのような状態のもとに行われるかを表します。正解は②です。

(9) わたしは自分の名前を人に知られたくない。
我不想 [ ❸让 ] ① 人 ④ 知道 ② 我的名字。
Wǒ bù xiǎng ràng rén zhīdao wǒ de míngzi.

> 使役文の語順は「主語+"让"+人・モノ+動詞…」です。助動詞や副詞は"让"の前に置きます。正解は③です。

(10) それをわたしにちょっと見せてください。
请 ④ 把 ② 那个 [ ❶给 ] ③ 我 看看。
Qǐng bǎ nàge gěi wǒ kànkan.

> "把"構文の語順は「主語+"把"+目的語+動詞+他の成分」です。正解は①です。

## 4 長文読解

解答：(1) ❸ (2) ❶ (3) ❷ (4) ❹ (5) ❹ (6) ❶

**空欄補充と内容理解**：まとまった内容をもつ長文を正確に理解しているかどうかを，キーワードを正しく空欄に補充させることによって問うています。

　我是一个意大利留学生。(6)我从小就对中国非常感兴趣，考上大学后开始学习汉语。去年我通过了我们学校交换留学生的考试来到了北京。我以前没来过中国，当我知道我可以在中国的大学免费学习后，我高兴得觉都睡不着了，(1)因为 我小时候的梦想终于要实现了。

　刚到北京，我 (2)就 被这里的一切震惊了。这里 (3)不但 有最现代的高楼大厦、交通工具，(3)而且 还有最传统、最古老的中国文化。想像一下，在最现代的城市里感受着最古老的文化，这是一 (4)件 多么美妙的事情啊！在北京住的时间越长我就越喜欢北京。北京的名胜古迹，比如长城、故宫、天坛、颐和园等我几乎都去过了。我最喜欢长城，我已经爬了好几次长城了。中国人常说：不到长城非好汉。按照这个标准，我已经是一个真正的好汉了。

　我在北京学习已经快一年了，我 (5)都 不想回去了。我打算大学毕业后，马上再来中国留学，更多、更深地了解中国，将来在我们的国家当一名汉语老师。

　Wǒ shì yí ge Yìdàlì liúxuéshēng. Wǒ cóngxiǎo jiù duì Zhōngguó fēicháng gǎn xìngqù, kǎoshàng dàxué hòu kāishǐ xuéxí Hànyǔ. Qùnián wǒ tōngguòle wǒmen xuéxiào jiāohuàn liúxuéshēng de kǎoshì láidàole Běijīng. Wǒ yǐqián méi láiguo Zhōngguó, dāng wǒ zhīdao wǒ kěyǐ zài Zhōngguó de dàxué miǎnfèi xuéxí hòu, wǒ gāoxìngde jiào dōu shuìbuzháo le, yīnwei wǒ xiǎoshíhou de mèngxiǎng zhōngyú yào shíxiàn le.

　Gāng dào Běijīng, wǒ jiù bèi zhèli de yíqiè zhènjīng le. Zhèli búdàn yǒu zuì xiàndài de gāolóu dàshà, jiāotōng gōngjù, érqiě hái yǒu zuì chuántǒng, zuì gǔlǎo de Zhōngguó wénhuà. Xiǎngxiàng yíxià, zài zuì xiàndài de chéngshì li gǎnshòuzhe zuì gǔlǎo de wénhuà, zhè shì yí jiàn duōme měimiào de shìqing a! Zài Běijīng zhù de shíjiān yuè cháng wǒ jiù yuè xǐhuan Běijīng. Běijīng de míngshèng gǔjì, bǐrú Chángchéng, Gùgōng, Tiāntán, Yíhéyuán děng wǒ jīhū dōu qùguo le. Wǒ zuì xǐhuan Chángchéng, wǒ yǐjīng pále hǎojǐ cì Chángchéng le. Zhōngguórén cháng shuō: Bú dào Chángchéng fēi hǎohàn. Ànzhào zhège biāozhǔn, wǒ yǐjīng shì yí ge zhēnzhèng de hǎohàn le.

　　Wǒ zài Běijīng xuéxí yǐjīng kuài yì nián le, wǒ ☐dōu☐ bù xiǎng huíqu le. Wǒ dǎsuan dàxué bìyè hòu, mǎshàng zài lái Zhōngguó liúxué, gèng duō, gèng shēn de liǎojiě Zhōngguó, jiānglái zài wǒmen de guójiā dāng yì míng Hànyǔ lǎoshī.

訳：わたしはイタリア人留学生です。(6)わたしは小さい頃から中国に非常に興味があり、大学に受かってから中国語の勉強を始めました。去年わたしは学校の交換留学生の試験に合格して北京に来ました。わたしはこれまで中国に来たことがなく、中国の大学で無料で勉強ができると知って、うれしくて眠れませんでした。なぜならわたしの小さい時の夢がついに実現したからです。

　北京に着くと、わたしはここのすべてにびっくりしました。ここには最も現代的な高層ビルや交通手段があるばかりか、最も伝統的で古い中国の文化があるのです。ちょっと想像してみてください、最も現代的な都市に居ながら最も古い文化を感じるということを。これはなんとすばらしいことでしょう！北京で暮らす時間が長くなればなるほどわたしは北京が好きになりました。北京の名所旧跡、例えば万里の長城、故宮、天壇、頤和園などは、わたしはほとんど行きました。わたしは長城が一番好きで、すでに何回も長城に登りました。中国人はよく「長城に至らずんば好漢に非ず」と言います。この基準からすると、わたしはもう正真正銘の立派な男子です。

　わたしは北京で勉強してまもなく1年になりますが、少しも帰りたくありません。わたしは大学を卒業したら、すぐにまた中国に留学に来て、さらに多く、さらに深く中国を理解し、将来は母国で中国語の先生になるつもりです。

(1) 空欄補充　　　　　　　　　　　　　　　　　　　　　　　　(3点)

　　① 虽然 suīrán　　② 所以 suǒyǐ　　❸ 因为 yīnwei　　④ 但是 dànshì

> 　　正解は③の"因为"です。うれしくて眠れない理由を文の後半で述べています。因果関係を表す複文において"因为"は通常"因为A,所以B"と前半に置かれますが、この文のように結果や結論に重点を置きたい場合は後半の先頭に置くこともできます。①"虽然"は「…ではあるけれども」、②"所以"は「…だから」、④"但是"は「…だが、しかし」という意味です。

(2) 空欄補充　　　　　　　　　　　　　　　　　　　　　　　　(3点)

　　❶ 就 jiù　　② 把 bǎ　　③ 对 duì　　④ 使 shǐ

> 前半の"刚"と"就"が呼応して，2つの事柄が時間的に密接して起こることを表します。正解は①の"就"です。

(3) 空欄補充 (4点)

① 尽管…也… jǐnguǎn…yě…　　❷ 不但…而且… búdàn…érqiě…
③ 因为…所以… yīnwei…suǒyǐ…　　④ 虽然…但是… suīrán…dànshì…

> 正解は②"不但…而且…"です。"不但…而且…"で「…ばかりでなく…」という意味を表す複文を構成します。①"尽管…也…"は「…だけれども，…にもかかわらず」，③"因为…所以…"は「…なのでそれゆえに…」，④"虽然…但是…"は「…ではあるけれども…」という意味を表します。

(4) 空欄補充 (3点)

① 条 tiáo　　② 张 zhāng　　③ 本 běn　　❹ 件 jiàn

> 物事を数える量詞は④の"件"です。①"条"はズボンやスカート，川や道など細長い物を，②"张"は切符・地図・テーブル・ベッドなど面積の大小に関わらず平らな面を有する物を，③"本"は書籍類を数えます。

(5) 空欄補充 (3点)

① 再 zài　　② 就 jiù　　③ 还 hái　　❹ 都 dōu

> 正解は④の"都"です。"不想回去"（帰りたくない）という程度を強調する"都不…了"を用いることによって，「すっかり帰りたくなくなった」ということを表します。①"再"は"再不…了"で「二度と…しなくなった」ことを，②"就"は前の部分が条件となって自然に起こる事柄を表します。③"还"は"了"と共に用いることができないため，ここでは適当ではありません。

(6) 内容の一致 (4点)

❶ 我不是学了汉语以后才对中国感兴趣的。
　　Wǒ bú shì xuéle Hànyǔ yǐhòu cái duì Zhōngguó gǎn xìngqù de.
　わたしは中国語を勉強してから中国に対して興味を持ったのではない。

② 我喜欢中国，我已经来中国留学了好几次。
Wǒ xǐhuan Zhōngguó, wǒ yǐjīng lái Zhōngguó liúxuéle hǎojǐ cì.
わたしは中国が好きで、すでに何度も中国に留学に来ている。

③ 交换留学结束后，我会继续留在中国学习。
Jiāohuàn liúxué jiéshù hòu, wǒ huì jìxù liúzài Zhōngguó xuéxí.
交換留学が終わってからも、わたしは引き続き中国にとどまって勉強することになるだろう。

④ 我小时候的梦想就是将来当一名汉语老师。
Wǒ xiǎoshíhou de mèngxiǎng jiù shì jiānglái dāng yì míng Hànyǔ lǎoshī.
わたしの小さい頃の夢は将来中国語の先生になることだった。

> "我从小就对中国非常感兴趣，考上大学后开始学习汉语" から、①を選びます。

## 5 日文中訳（記述式） (4点×5)

(1) この学生は賢くて、またよく勉強します。
这个学生又聪明又用功。Zhège xuésheng yòu cōngming yòu yònggōng.

> "又A又B" は「AでもありまたBでもある」という動作や状態、状況が重なることを表します。

(2) 王さん、あなたはきのう何時に着いたのですか。
小王，你昨天（是）几点到的？ Xiǎo Wáng, nǐ zuótiān (shì) jǐ diǎn dào de?

> すでに到着したことはわかっていて、何時に着いたのかと尋ねているので、"(是)…的" 構文を使います。

(3) 地下鉄の駅にはどう行ったらいいですか。
去地铁站怎么走？ Qù dìtiězhàn zěnme zǒu?

> "去" は場所目的語を取ることができますが、"走" は目的語を取ることができません。方法を尋ねているので、"怎么" の直後に動詞を置きます。

(4) こんなにたくさんの料理はわたしは食べ切れません。
这么多菜我吃不了。Zhème duō cài wǒ chībuliǎo.

量的にその動作を完了・完結できない場合は「動詞+"不了"」という可能補語の否定形を使います。「こんなにたくさんの料理」は，"这么多的菜"と"多"の後に"的"を加えることもできます。

(5) もしあした暇があれば，うちに遊びに来てください。
明天有空儿的话，请来我家玩儿吧。
Míngtiān yǒu kòngr dehuà, qǐng lái wǒ jiā wánr ba.

　　前文の仮定を表す言い方は接続詞を使って"如果/要是…（的话）"などとしてもかまいません。「遊びに来る」は，"来玩儿"の語順で表される連動文です。連動文は基本的に動作の行われる順番に動詞を並べます。

# 第88回
(2016年3月)

**問題**
　リスニング ………………………… 74
　筆　記 ……………………………… 78
　　解答時間：計100分
　　配点：リスニング100点，筆記100点

**解答と解説**
　リスニング ………………………… 84
　筆　記 ……………………………… 96

## リスニング （⇨解答と解説84頁）

**1** 1. (1)〜(5)の中国語の問いを聞き，答えとして最も適当なものを，それぞれ①〜④の中から１つ選び，その番号を解答欄にマークしなさい。　　(25点)

(1)

　①　　　　　②　　　　　③　　　　　④

(2)

　①　　　　　②　　　　　③　　　　　④

(3)

　①　　　　　②　　　　　③　　　　　④

(4)

　①　　　　　②　　　　　③　　　　　④

(5)

　①　　　　　②　　　　　③　　　　　④

2. (6)～(10)のＡとＢの対話を聞き，Ｂの発話に続くＡのことばとして最も適当なものを，それぞれ①～④の中から１つ選び，その番号を解答欄にマークしなさい。

(25点)

(6)

① ② ③ ④

(7)

① ② ③ ④

(8)

① ② ③ ④

(9)

① ② ③ ④

(10)

① ② ③ ④

75

2 中国語を聞き，(1)～(10)の問いの答えとして最も適当なものを，それぞれ①～④の中から１つ選び，その番号を解答欄にマークしなさい。　　　　　　　　　(50点)

メモ欄

(1)～(5)の問いは音声のみで，文字の印刷はありません。

(1)　①　②　③　④

(2)　①　②　③　④

(3)　①　②　③　④

(4)　①　②　③　④

(5)　①　②　③　④

メモ欄

(6) 我来北京多长时间了?
　① 　　② 　　③ 　　④

(7) 我在哪儿吃午饭?
　① 　　② 　　③ 　　④

(8) 我什么时候上语法课?
　① 　　② 　　③ 　　④

(9) 在日本的时候，我为什么愿意上会话课?
　① 　　② 　　③ 　　④

(10) 上个星期六我去哪儿了?
　① 　　② 　　③ 　　④

**筆 記** （⇨解答と解説96頁）

1. 1.(1)～(5)の中国語と声調の組み合わせが同じものを，それぞれ①～④の中から１つ選び，その番号を解答欄にマークしなさい。 (10点)

(1) 农村　　① 规定　　② 文章　　③ 积极　　④ 广播

(2) 校园　　① 介绍　　② 准备　　③ 汽水　　④ 特别

(3) 石头　　① 头发　　② 力气　　③ 艺术　　④ 喜欢

(4) 以外　　① 记者　　② 礼物　　③ 权利　　④ 洗澡

(5) 故乡　　① 研究　　② 政府　　③ 上班　　④ 热情

2.(6)～(10)の中国語の正しいピンイン表記を，それぞれ①～④の中から１つ選び，その番号を解答欄にマークしなさい。 (10点)

(6) 活动　　① huódòng　② huódōng　③ huádōng　④ huádòng

(7) 加强　　① qiāqiáng　② jiāqiǎng　③ qiāqiǎng　④ jiāqiáng

(8) 暖和　　① nuǎnhe　② nuǎnhuo　③ nuánhe　④ nuánhuo

(9) 长城　　① Chángchén　② Chāngchéng　③ Chángchéng　④ Chāngchén

(10) 要求　　① yāoqiú　② yàoqiú　③ yàoqiú　④ yāoqiú

**2** (1)～(10)の中国語の空欄を埋めるのに最も適当なものを，それぞれ①～④の中から1つ選び，その番号を解答欄にマークしなさい。　　　　　　　　　　　(20点)

(1) 我在教室里捡了一（　　）钥匙。
　　① 把　　　② 支　　　③ 条　　　④ 本

(2) 暑假回老家的时候，（　　）了很多小学同学。
　　① 见面　　② 见到　　③ 会合　　④ 会面

(3) 立春以后，到野外散步的人多（　　）了。
　　① 回来　　② 上来　　③ 起来　　④ 下来

(4) 参加晚会的孩子们都穿（　　）很漂亮。
　　① 得　　　② 过　　　③ 地　　　④ 了

(5) 她（　　）日本的茶道很感兴趣。
　　① 跟　　　② 对　　　③ 往　　　④ 和

(6) （　　）有什么问题，请给我打电话。
　　① 而且　　② 不但　　③ 为了　　④ 如果

(7) 再见！有机会欢迎你（　　）来。
　　① 又　　　② 更　　　③ 都　　　④ 再

(8) 请您看（　　），您的名字这么写对不对？
　　① 一下儿　② 有点儿　③ 一点儿　④ 一会儿

(9) 绝对不能（　　）看手机，（　　）开车。
　　① 因为…所以…　② 越…越…　③ 虽然…但是…　④ 一边…一边…

(10) 明天10点开会，请千万（　　）忘了。
　　① 不　　　② 别　　　③ 没　　　④ 要

3　1. (1)〜(5)の日本語の意味に合う中国語を，それぞれ①〜④の中から1つ選び，その番号を解答欄にマークしなさい。　　　　　　　　　　　　　　(10点)

(1) この種のものはあの店で買うのが一番安い。
　　① 这种东西买在那家店最便宜。
　　② 在那家店买最便宜这种东西。
　　③ 这种东西在那家店买最便宜。
　　④ 买在那家店最便宜这种东西。

(2) わたしは来月の試験の準備をしなければならない。
　　① 我准备得下个月的考试。
　　② 我得下个月的考试准备。
　　③ 我得准备下个月的考试。
　　④ 下个月的考试得我准备。

(3) この料理は少しも辛くない。
　　① 这个菜一点儿也不辣。
　　② 这个菜也辣不一点儿。
　　③ 这个菜也不辣一点儿。
　　④ 这个菜不一点儿也辣。

(4) 彼女はきっと卒業旅行に参加するだろう。
　　① 她会一定毕业旅行参加的。
　　② 她一定会毕业旅行参加的。
　　③ 她会毕业旅行一定参加的。
　　④ 她一定会参加毕业旅行的。

(5) 飛行機の中でもインターネットができるそうだ。
　　① 听说也可以上网飞机上。
　　② 听说飞机上也上网可以。
　　③ 听说上网也可以飞机上。
　　④ 听说飞机上也可以上网。

2. (6)～(10)の日本語の意味になるように，それぞれ①～④を並べ替えたとき，[ ]内に入るものはどれか，その番号を解答欄にマークしなさい。　　　　　　（10点）

(6) 今年の夏は去年よりずっと暑い。

今年的夏天＿＿＿＿ ＿＿＿＿ ＿＿＿＿ [＿＿＿＿]。

① 去年　　　② 多了　　　③ 热　　　④ 比

(7) わたしは財布を盗まれた。

我的＿＿＿＿ [＿＿＿＿] ＿＿＿＿ ＿＿＿＿。

① 被　　　② 了　　　③ 偷　　　④ 钱包

(8) 横からまた車が現れた。

＿＿＿＿ ＿＿＿＿ [＿＿＿＿] ＿＿＿＿汽车。

① 又　　　② 一辆　　　③ 旁边　　　④ 出现了

(9) わたしはずっとあなたが彼女を知っていると思っていた。

我＿＿＿＿ ＿＿＿＿ [＿＿＿＿] ＿＿＿＿她。

① 以为　　　② 一直　　　③ 你　　　④ 认识

(10) 部屋の中の要らないものを捨ててしまいなさい。

[＿＿＿＿] ＿＿＿＿ ＿＿＿＿ ＿＿＿＿都扔了吧。

① 屋子里　　　② 把　　　③ 东西　　　④ 不要的

4 次の文章を読み，(1)〜(6)の問いの答えとして最も適当なものを，それぞれ①〜④の中から1つ選び，その番号を解答欄にマークしなさい。 (20点)

　　去年夏天，我和几个朋友去德国旅行。　(1)　到的那天，大家兴致很高，都想找个餐馆好好儿地吃一顿，尝尝这里的菜和有名的德国啤酒。

　　我们去了一家很有名的餐馆，里面客人很多。坐下以后，发现周围的人要的菜都很少。旁边儿的好像是一对夫妻，桌子上只摆着一个盘子，里面放着两种菜，另外有两杯啤酒。旁边儿一桌是几位老太太在吃饭，她们一起点菜。每个菜上来以后，分到每个人的盘子里，一会儿就吃没了。

　　我们每个人都拿起菜单点菜，点了很多。　(2)　啤酒以外，　(2)　要了葡萄酒，摆了满满的一桌子。大家不停地干杯，大口地品尝着异国他乡的美味菜肴，吃得非常高兴。可是，我们要的菜太多了，剩了很多，怎么也吃不了了。我们还没离开，旁边儿的几位老太太走了　(3)　，其中的一位用英语说："你们剩了这么多菜，太浪费了。"我听了以后，觉得有点儿可笑，就说："我们自己花钱吃饭，剩不剩和你们有什么关系呀？"几个老太太很生气，一个人马上拿出手机打了个电话。一会儿，一个穿制服的政府工作人员来了。他对我们说："需要吃　(4)　，就点　(4)　，钱是你们自己的，但是资源是全社会的，世界上有很多人还缺少食物，你们不应该浪费，也没有理由浪费！"说完拿出一　(5)　罚款单，让我们按规定交罚款。我们脸都红了，都觉得他说得对。

(1) 空欄(1)を埋めるのに適当なものは，次のどれか。

　　① 就　　　　② 先　　　　③ 刚　　　　④ 又

(2) 2か所の空欄(2)を埋めるのに適当なものは，次のどれか。

　　① 除了…还…　② 不但…而且…　③ 开始…然后…　④ 为了…就…

(3) 空欄(3)を埋めるのに適当なものは，次のどれか。

　　① 出来　　　② 回来　　　③ 过来　　　④ 进来

(4) 2か所の空欄(4)を埋めるのに適当な同一の語は，次のどれか。

　　① 多么　　　② 最少　　　③ 这么　　　④ 多少

(5) 空欄(5)を埋めるのに適当なものは，次のどれか。

　　① 篇　　　　　② 张　　　　　③ 条　　　　　④ 枚

(6) 本文の内容と一致するものは，次のどれか。

　　① 因为餐馆里的菜少，所以客人们不多点菜。

　　② 我们吃不惯德国菜，所以剩了很多。

　　③ 浪费不浪费，和谁花钱没有关系。

　　④ 我们虽然交了罚款，但是觉得有点儿可笑。

5　(1)～(5)の日本語を中国語に訳し，漢字（簡体字）で解答欄に書きなさい。
　　（漢字は崩したり略したりせずに書き，文中・文末には句読点や疑問符をつけること。）

(20点)

(1) 兄は3年前東京に半年ほど住んでいた。


(2) 彼女の中国語の発音は中国人のようだ。


(3) 彼はきのう来たのではなく，おととい来たのだ。


(4) お金があれば，わたしも1個買いたい。


(5) 週末わたしは家で休んでいて，どこにも行かなかった。

リスニング

# 1

解答：1. ⑴ ❹ ⑵ ❸ ⑶ ❸ ⑷ ❶ ⑸ ❷ 2. ⑹ ❷ ⑺ ❹ ⑻ ❶ ⑼ ❷ ⑽ ❸

1. **一問一答**：日常会話のなかでよく使われる問いの文に対して正確に答えることができるかどうかが問われています。 (5点×5)

04 ⑴ 問：请问，换人民币在几号窗口？ Qǐngwèn, huàn rénmínbì zài jǐ hào chuāngkǒu?　　お伺いしますが，人民元の両替は何番窓口ですか。

答：① 在这儿换地铁。
Zài zhèr huàn dìtiě.　　ここで地下鉄に乗り換えます。

② 今天 3 月 22 号。
Jīntiān sānyuè èrshi'èr hào.　　きょうは 3 月 22 日です。

③ 他是外国人。
Tā shì wàiguórén.　　彼は外国人です。

❹ 请到 7 号窗口。
Qǐng dào qī hào chuāngkǒu.　　7 番窓口にお越しください。

> 外貨の両替をしようとしています。取扱い窓口を教えている④が正解です。①にも同じ動詞"换"が使われていますが，乗り換えの案内ですので惑わされないようにしましょう。

05 ⑵ 問：你觉得昨天那个电影怎么样？ Nǐ juéde zuótiān nàge diànyǐng zěnmeyàng?　　きのうのあの映画はどう思いましたか。

答：① 我昨天看电影了。
Wǒ zuótiān kàn diànyǐng le.　　わたしはきのう映画を観ました。

② 他觉得不太好。
Tā juéde bú tài hǎo.　　彼は大したことないと思いました。

❸ 我觉得很有意思。
Wǒ juéde hěn yǒu yìsi.　　わたしはとても面白いと思いました。

④ 你明天也看吗？
Nǐ míngtiān yě kàn ma?　　あなたはあしたも観ますか。

きのう観た映画の感想を尋ねられています。①は映画を観たことを言っており感想ではありません。②は主語が「彼」となっています。④はあした観るかどうか尋ねていますので，いずれも適当ではありません。「わたし」の感想を述べている③が正解です。

06 (3) 問：从这儿到车站要多长时间？ Cóng zhèr dào chēzhàn yào duō cháng shíjiān?

ここから駅までどれくらい時間がかかりますか。

答：① 一直走，到红绿灯往右拐。Yìzhí zǒu, dào hónglǜdēng wǎng yòu guǎi.

まっすぐ行って，信号のところで右折してください。

② 离这儿不太远，走着去吧。Lí zhèr bú tài yuǎn, zǒuzhe qù ba.

ここからあまり遠くありません，歩いて行きましょう。

❸ 大概要半个小时吧。Dàgài yào bàn ge xiǎoshí ba.

およそ30分くらいでしょう。

④ 下午三点半的车。Xiàwǔ sān diǎn bàn de chē.

午後3時半のバスです。

現在地から駅までの所要時間を尋ねています。①は行き方を，②は距離を，④は発車時刻を答えていて，いずれも適当ではありません。所要時間を答えている③が正解です。

07 (4) 問：你喜欢吃生鱼片，还是喜欢吃寿司？ Nǐ xǐhuan chī shēngyúpiàn, háishi xǐhuan chī shòusī?

あなたは刺身が好きですか，それとも寿司が好きですか。

答：❶ 日本料理我都喜欢。Rìběn liàolǐ wǒ dōu xǐhuan.

日本料理は何でも好きです。

② 他吃过生鱼片。Tā chīguo shēngyúpiàn.

彼は刺身を食べたことがあります。

③ 她们也会做寿司。Tāmen yě huì zuò shòusī.

彼女たちも寿司を作ることができます。

④ 我们一起去吃吧。Wǒmen yìqǐ qù chī ba.

一緒に食べに行きましょう。

刺身と寿司のどちらが好きか聞かれています。日本料理ならどれも好きだと答えている①が正解です。②と③は主語が違い，④は好みを尋ねている質問の答えにはなっていません。

08 (5) 問：你能听懂李老师说的汉语吗？ Nǐ néng tīngdǒng Lǐ lǎoshī shuō de Hànyǔ ma?　　あなたは李先生が話す中国語を聞いて分かりますか。

　　答：① 我每天都听汉语广播。Wǒ měi tiān dōu tīng Hànyǔ guǎngbō.　　わたしは毎日中国語の放送を聴きます。

　　　　❷ 有的能听懂，有的听不懂。Yǒude néng tīngdǒng, yǒude tīngbudǒng.　　聞いて分かるところもあれば，分からないところもあります。

　　　　③ 他说的英语很难。Tā shuō de Yīngyǔ hěn nán.　　彼が話す英語はとても難しい。

　　　　④ 我有时候听，有时候不听。Wǒ yǒu shíhou tīng, yǒu shíhou bù tīng.　　わたしは聴く時もあれば，聴かない時もあります。

> 李先生の中国語が「聴いて理解できる」かどうかという質問です。②が正解です。①と④は「聴く」ことについて答えてい，③は"他"を主語に答えていて，しかも中国語ではなく英語の話なので除外します。

2. **二人三話**：（ＡＢ２人の問答に続く２回目のＡの発話を選びます。）問いと答えだけで終わるのではなく，相手の答えに対してもう一度反応を示すことができるかどうかを問うています。

(5点×5)

10 (6) Ａ：后天我要去机场接朋友。Hòutiān wǒ yào qù jīchǎng jiē péngyou.　　あさってわたしは空港に友人を迎えに行きます。

　　Ｂ：是从哪儿来的朋友啊？Shì cóng nǎr lái de péngyou a?　　どこから来る友達ですか。

　　Ａ：① 飞机大概四点到大连。Fēijī dàgài sì diǎn dào Dàlián.　　飛行機はたぶん４時に大連に着きます。

　　　　❷ 是从香港来的。Shì cóng Xiānggǎng lái de.　　香港からです。

　　　　③ 一共来两个人。Yígòng lái liǎng ge rén.　　全部で２人来ます。

　　　　④ 他们来日本工作。Tāmen lái Rìběn gōngzuò.　　彼らは日本に仕事で来ます。

> 「どこから」来る友人ですかと尋ねているので，「香港から」と答えている②が正解です。①は到着時間を，③は人数を，④は来日の目的を答えていて，いずれも不適当です。

11 (7) A：你的衣服真漂亮，在哪儿买的？
　　　　Nǐ de yīfu zhēn piàoliang, zài nǎr mǎi de?

あなたの服は本当にきれいです，どこで買ったのですか。

　　　B：漂亮吗？在台湾留学的时候买的。
　　　　Piàoliang ma? Zài Táiwān liúxué de shíhou mǎi de.

きれいですか。台湾に留学していた時に買ったのです。

　　　A：① 那里的风景很漂亮。
　　　　　Nàli de fēngjǐng hěn piàoliang.

あそこの風景はとてもきれいです。

　　　　② 你没去过台湾吗？
　　　　　Nǐ méi qùguo Táiwān ma?

あなたは台湾に行ったことがないのですか。

　　　　③ 他在那儿留过学。
　　　　　Tā zài nàr liúguo xué.

彼はそこに留学したことがあります。

　　　　❹ 贵不贵？多少钱一件？
　　　　　Guì bu guì? Duōshao qián yí jiàn?

高かったですか。1着いくらでしたか。

　　服をどこで買ったかを尋ねられたBが「台湾で買った」と答えています。それを受けてAが値段について尋ねている④が正解です。①は風景の話ですから話題が外れます。「台湾で買った」のだから台湾に行ったことがあるはずですから，②も的外れな応答です。③も"他"についての話題は話の流れに合わないので除外されます。

12 (8) A：你会不会唱日本歌？
　　　　Nǐ huì bu huì chàng Rìběn gē?

あなたは日本語の歌を歌えますか。

　　　B：会唱几个，但是都唱不好。
　　　　Huì chàng jǐ ge, dànshì dōu chàngbuhǎo.

いくつか歌えますが，どれも上手では ありません。

　　　A：❶ 没关系，那就请你唱一个吧。
　　　　　Méi guānxi, nà jiù qǐng nǐ chàng yí ge ba.

かまいません，ではどうぞ1曲歌ってください。

　　　　② 对，这个歌不太长。
　　　　　Duì, zhège gē bú tài cháng.

そうです，この歌はあまり長くありません。

　　　　③ 没关系，那你慢慢儿喝吧。
　　　　　Méi guānxi, nà nǐ mànmānr hē ba.

かまいません，ではゆっくり飲んでください。

　　　　④ 我哥哥也会唱中国歌。
　　　　　Wǒ gēge yě huì chàng Zhōngguó gē.

わたしの兄も中国語の歌を歌えます。

　　日本語の歌はうまくないがいくつか歌えるという人に対しての言葉です。ぜひ1曲歌うよう誘っている①が正解です。②は曲の長さについて

言っていて，③は「歌う」ではなく「飲む」話ですので，どちらも適当ではありません。④も主語が「わたしの兄」ですので，これも適当ではありません。

**13** (9) A：请问，这儿可以照相吗？
Qǐngwèn, zhèr kěyǐ zhàoxiàng ma?

お伺いしますが，ここで写真を撮っていいですか。

B：外边儿可以，里边儿不行。
Wàibianr kěyǐ, lǐbianr bùxíng.

外ならかまいませんが，中はだめです。

A：① 是吗？那不能在外边儿照吗？ Shì ma? Nà bù néng zài wàibianr zhào ma?

そうですか。では外で写真を撮ってはいけませんか。

❷ 是吗？那我在外边儿照几张吧。 Shì ma? Nà wǒ zài wàibianr zhào jǐ zhāng ba.

そうですか。ではわたしは外で何枚か撮りましょう。

③ 是吗？那可以在里边儿照吗？
Shì ma? Nà kěyǐ zài lǐbianr zhào ma?

そうですか。では中で撮ってもいいですか。

④ 是吗？那我在里边儿照几张吧。 Shì ma? Nà wǒ zài lǐbianr zhào jǐ zhāng ba.

そうですか。ではわたしは中で何枚か撮りましょう。

写真を外では撮ってもいいが，中ではだめだという言葉に対しての返事です。「では外で」と答えている②が正解です。

**14** (10) A：我买一张到上海的火车票。Wǒ mǎi yì zhāng dào Shànghǎi de huǒchēpiào.

上海までの列車の切符を1枚下さい。

B：你要什么时间的？
Nǐ yào shénme shíjiān de?

何時発のでしょうか。

A：① 现在十二点四十五分。
Xiànzài shí'èr diǎn sìshiwǔ fēn.

いま12時45分です。

② 我经常去上海。
Wǒ jīngcháng qù Shànghǎi.

わたしはよく上海に行きます。

❸ 要下午两点左右的。
Yào xiàwǔ liǎng diǎn zuǒyòu de.

午後2時前後のを下さい。

④ 对不起，我今天没有时间。
Duìbuqǐ, wǒ jīntiān méiyǒu shíjiān.

ごめんなさい，きょうは時間がありません。

「何時発の切符がほしいか」と尋ねられているのですから，「2時前後」と答えている③が正解です。①は現在の時刻について，②は目的地につ

いて，④は時間の有無について答えているので，いずれも不適当です。

## 2 長文聴解：

解答：(1)❸ (2)❷ (3)❶ (4)❹ (5)❶ (6)❸ (7)❹ (8)❷ (9)❶ (10)❹

**会話文の聞き取り**：中国からの旅行者と空港に迎えに来た旅行社の人との会話です。ややテンポの速い会話についていけるかどうかが問われています。　（5点×5）

16　劉娜：你好，请问，您是朋友旅行社的吗？　　Nǐ hǎo, qǐngwèn, nín shì Péngyou Lǚxíngshè de ma?

山田：对，你们是从上海来旅游的吧？　　Duì, nǐmen shì cóng Shànghǎi lái lǚyóu de ba?

劉娜：是啊。　　Shì a.

山田：我姓山田，是来接你们的。　　Wǒ xìng Shāntián, shì lái jiē nǐmen de.

劉娜：让您久等了。(1)我们的飞机晚了一个多小时，12点才到。　　Ràng nín jiǔ děng le. Wǒmen de fēijī wǎnle yí ge duō xiǎoshí, shí'èr diǎn cái dào.

山田：没关系，我是11点来的。到机场以后知道你们的飞机晚点了。　　Méi guānxi, wǒ shì shíyī diǎn lái de. Dào jīchǎng yǐhòu zhīdao nǐmen de fēijī wǎndiǎn le.

劉娜：我叫刘娜，这是我爱人王平。我们要去洗手间，到这边儿来了，别的人都在那边儿的2号出口。　　Wǒ jiào Liú Nà, zhè shì wǒ àiren Wáng Píng. Wǒmen yào qù xǐshǒujiān, dào zhèbianr lái le, bié de rén dōu zài nàbianr de èr hào chūkǒu.

山田：是吗？20个人都来了吧？　　Shì ma? Èrshí ge rén dōu lái le ba?

17　劉娜：(2)来了17个，有3个人没来。　　Láile shíqī ge, yǒu sān ge rén méi lái.

山田：那3位怎么没来呀？　　Nà sān wèi zěnme méi lái ya?

劉娜：(3)他们3个是一家的，出发的时候女儿突然病了，爸爸妈妈也留下照顾她了。　　Tāmen sān ge shì yì jiā de, chūfā de shíhou nǚ'ér tūrán bìng le, bàba māma yě liúxia zhàogù tā le.

山田：那咱们赶快去2号出口吧。　　Nà zánmen gǎnkuài qù èr hào chūkǒu ba.

劉娜：好啊，我们走吧。　　Hǎo a, wǒmen zǒu ba.

山田：您是第一次来日本吗？　　Nín shì dì yī cì lái Rìběn ma?

89

刘娜：不，(4)我前年12月去北海道滑过雪，这是第二次了。
Bù, wǒ qiánnián shí'èryuè qù Běihǎidào huáguo xuě, zhè shì dì èr cì le.

山田：王平先生是第一次来吗？
Wáng Píng xiānsheng shì dì yī cì lái ma?

刘娜：结婚以前他也来过。不过(5)我们都没看过樱花，所以才参加了这次旅行。
Jiéhūn yǐqián tā yě láiguo. Búguò wǒmen dōu méi kànguo yīnghuā, suǒyǐ cái cānjiāle zhè cì lǚxíng.

訳：
劉娜：こんにちは。お伺いしますが，あなたは朋友旅行社の方ですか。
山田：はい。あなた方は上海から旅行に来られたのですね。
劉娜：そうです。
山田：わたしは山田と言います。あなた方をお迎えに参りました。
劉娜：お待たせしましたね。(1)わたしたちの飛行機は1時間余り遅れて，12時にやっと到着しました。
山田：かまいません。わたしは11時に来たのですが，空港に着いてから，あなた方の飛行機が遅れることを知りました。
劉娜：わたしは劉娜と言います。こちらは夫の王平です。わたしたちはお手洗いに行こうとして，こちらまで来ましたが，他の人たちはみなあちらの2番出口にいます。
山田：そうですか。20人全員いらっしゃったのですね？
劉娜：(2)17人来ましたが，3人が来ていません。
山田：その3人の方はどうしていらっしゃらなかったのですか。
劉娜：(3)3人はご家族で，出発する時にお嬢さんが突然具合が悪くなったので，ご両親も残ってお嬢さんの面倒を見ることにしたのです。
山田：では急いで2番出口に行きましょう。
劉娜：そうですね，行きましょう。
山田：あなたは初めて日本にいらっしゃったのですか。
劉娜：いいえ，(4)わたしはおととしの12月に北海道にスキーに行きましたから，これが2度目になります。
山田：王平さんは初めていらっしゃったのですか。
劉娜：結婚する前にこの人も来たことがあります。ただ，(5)わたしたちは2人とも桜を観たことがないので，今回の旅行に参加しました。

18 (1) 問：飞机是什么时候到的?　　　　　　　飛行機はいつ着いたのですか。
　　　　　Fēijī shì shénme shíhou dào de?

　　　　答：① 11 点。　　　Shíyī diǎn.　　　　　11 時。

　　　　　　② 下午 1 点。　Xiàwǔ yī diǎn.　　　　午後 1 時。

　　　　　　❸ 12 点。　　　Shí'èr diǎn.　　　　　12 時。

　　　　　　④ 下午两点。　Xiàwǔ liǎng diǎn.　　　午後 2 時。

　　"我们的飞机晚了一个多小时，12 点才到"を聞き取ります。

19 (2) 問：来了多少人？　Láile duōshao rén?　　　何人来ましたか。

　　　　答：① 24 个。　　Èrshisì ge.　　　　　　24 人。

　　　　　　❷ 17 个。　　Shíqī ge.　　　　　　　17 人。

　　　　　　③ 20 个。　　Èrshí ge.　　　　　　　20 人。

　　　　　　④ 23 个。　　Èrshisān ge.　　　　　23 人。

　　"来了 17 个"を聞き取ります。

20 (3) 問：为什么有三个人没来？　　　　　　　なぜ 3 人は来なかったのですか。
　　　　　Wèi shénme yǒu sān ge rén méi lái?

　　　　答：❶ 因为有人病了。　　　　　　　　病人が出たから。
　　　　　　　Yīnwei yǒu rén bìng le.

　　　　　　② 因为飞机晚点了。　　　　　　　飛行機が遅れたから
　　　　　　　Yīnwei fēijī wǎndiǎn le.

　　　　　　③ 因为他们去洗手间了。　　　　　彼らはトイレに行ったから。
　　　　　　　Yīnwei tāmen qù xǐshǒujiān le.

　　　　　　④ 因为他们在 2 号出口。　　　　　彼らは 2 番出口にいるから。
　　　　　　　Yīnwei tāmen zài èr hào chūkǒu.

　　"他们 3 个是一家的，出发的时候女儿突然病了"を聞き取ります。

21 (4) 問：刘娜第一次是什么时候来的?　　　　劉娜は 1 回目はいつ来たのですか。
　　　　　Liú Nà dì yī cì shì shénme shíhou lái de?

　　　　答：① 春天。Chūntiān.　　　　　　　　春。

　　　　　　② 夏天。Xiàtiān.　　　　　　　　　夏。

91

③ 秋天。Qiūtiān. 　　　　　　　秋。
❹ 冬天。Dōngtiān. 　　　　　　　冬。

"我前年12月去北海道滑过雪"を聞き取ります。12月ですから④の「冬」が正解です。

22 (5) 問：刘娜和王平这次来的目的是什么？　　劉娜と王平が今回来た目的は
　　　 Liú Nà hé Wáng Píng zhè cì lái de mùdì　　何ですか。
　　　 shì shénme?

答：❶ 看樱花。Kàn yīnghuā. 　　　　桜を観る。
　　② 买东西。Mǎi dōngxi. 　　　　　買い物をする。
　　③ 滑雪。 Huáxuě. 　　　　　　　スキーをする。
　　④ 看病。 Kànbìng. 　　　　　　 診察を受ける。

"我们都没看过樱花，所以才参加了这次旅行"を聞き取り，今回の目的が「桜を観る」ことだと理解します。

**文章の聞き取り**：わたしの北京留学生活の日常が語られます。　　　(5点×5)

30　　时间过得真快，我去年10月来北京留学，(6)现在已经七个月了。我住在学校的留学生宿舍里，中国的大学太大了，每天在学校里活动也离不开自行车。我每天在学校的食堂吃饭，学校里有五个食堂，每个食堂都有自己的特点，都有很好吃的菜。所以，我早饭在离宿舍最近的留学生食堂吃，(7)午饭在教学楼附近的第一食堂吃，晚饭有的时候去第二食堂，有的时候去第三食堂。5除了早饭以外，去吃午饭和吃晚饭的时候都得骑自行车。

31　　我从星期一到星期五每天都有会话课，(8)星期一、星期三的第一节是语法课。在日本的时候，我就愿意上会话课，(9)因为我喜欢说话。到这儿以后，我更喜欢会话课了。从不同国家来的留学生们在一起练习会话，只能用汉语，老师也用汉语上课，这使我的听和说的能力进步得很快。　　　　　　　　　　　10

　　星期六没有课，我经常和同学们一起上街买东西，去公园、博物馆。上个星期六，(10)我和几个同学一起去了动物园，我们看到了大熊猫，还照了很多照片。

　　Shíjiān guòde zhēn kuài, wǒ qùnián shíyuè lái Běijīng liúxué, xiànzài yǐjīng qī ge yuè le. Wǒ zhùzài xuéxiào de liúxuéshēng sùshè li, Zhōngguó de dàxué tài dà le, měi tiān zài xuéxiào li huódòng yě líbukāi zìxíngchē. Wǒ měi tiān zài xuéxiào de shítáng chī fàn, xuéxiào li yǒu wǔ ge shítáng, měi ge shítáng dōu yǒu zìjǐ de tèdiǎn, dōu yǒu hěn hǎochī de cài. Suǒyǐ, wǒ zǎofàn zài lí sùshè zuì jìn de liúxuéshēng shítáng chī, wǔfàn zài jiàoxuélóu fùjìn de dì yī shítáng chī, wǎnfàn yǒude shíhou qù dì èr shítáng, yǒude shíhou qù dì sān shítáng. Chúle zǎofàn yǐwài, qù chī wǔfàn hé chī wǎnfàn de shíhou dōu děi qí zìxíngchē.

Wǒ cóng xīngqīyī dào xīngqīwǔ měi tiān dōu yǒu huìhuà kè, xīngqīyī, xīngqīsān de dì yī jié shì yǔfǎ kè. Zài Rìběn de shíhou, wǒ jiù yuànyì shàng huìhuà kè, yīnwei wǒ xǐhuan shuōhuà. Dào zhèr yǐhòu, wǒ gèng xǐhuan huìhuà kè le. Cóng bùtóng guójiā lái de liúxuéshēngmen zài yìqǐ liànxí huìhuà, zhǐ néng yòng Hànyǔ, lǎoshī yě yòng Hànyǔ shàngkè, zhè shǐ wǒ de tīng hé shuō de nénglì jìnbùde hěn kuài.

Xīngqīliù méiyǒu kè, wǒ jīngcháng hé tóngxuémen yìqǐ shàng jiē mǎi dōngxi, qù gōngyuán、bówùguǎn. Shàng ge xīngqīliù, wǒ hé jǐ ge tóngxué yìqǐ qùle dòngwùyuán, wǒmen kàndàole dàxióngmāo, hái zhàole hěn duō zhàopiàn.

訳：月日のたつのは本当に速い。わたしは去年10月に北京に留学に来て、(6)現在すでに7か月になります。わたしは学校の留学生寮に住んでいますが、中国の大学はかなり広いので、毎日学校でいろいろなことをするのに自転車は必需品です。わたしは毎日学校の食堂で食事をしています。キャンパスには5つの食堂がありますが、どの食堂もそれぞれ特長があり、おいしい料理があります。だからわたしは朝食は寮に一番近い留学生食堂で取り、(7)昼食は講義棟近くの第1食堂で食べ、夕食は第2食堂に行くこともあれば、第3食堂に行くこともあります。朝食以外、昼食と夕食を食べに行く時はいつも自転車に乗らなければなりません。

月曜から金曜まで毎日会話の授業があり、(8)月曜と水曜の1限目は文法の授業です。日本にいた時からわたしは会話の授業に進んで出ていました、(9)なぜなら話をするのが好きだからです。ここに来てから、もっと会話の授業が好きになりました。いろいろな国から来ている留学生たちと一緒に会話を練習するには、中国語だけしか使えないし、先生も中国語で授業をしてくれますので、わたしたちの聞く力と話す力がどんどん伸ばされました。

土曜は授業がないので、いつもクラスメートたちと街に出て買い物をしたり、公園や博物館に行ったりします。先週の土曜日は、(10)数人のクラスメートと動物園に行って、パンダを見て、写真もたくさん撮りました。

32 (6) 問：我来北京多长时间了？ わたしは北京に来てどれくらいに
　　　Wǒ lái Běijīng duō cháng shíjiān le? なりますか。

　　答：① 一个月了。Yí ge yuè le. 1か月になる。
　　　　② 四个月了。Sì ge yuè le. 4か月になる。
　　　　❸ 七个月了。Qī ge yuè le. 7か月になる。
　　　　④ 十个月了。Shí ge yuè le. 10か月になる。

"现在已经七个月了"を聞き取ります。

33 (7) 問：我在哪儿吃午饭？ わたしはどこで昼食を取りま
　　　Wǒ zài nǎr chī wǔfàn? すか。

　　答：① 在留学生食堂。 留学生食堂で。
　　　　　Zài liúxuéshēng shítáng.
　　　　② 在第二食堂。 第2食堂で。
　　　　　Zài dì èr shítáng.
　　　　③ 在第三食堂。 第3食堂で。
　　　　　Zài dì sān shítáng.
　　　　❹ 在第一食堂。 第1食堂で。
　　　　　Zài dì yī shítáng.

"午饭在教学楼附近的第一食堂吃"を聞き取ります。

34 (8) 問：我什么时候上语法课？ わたしはいつ文法の授業があ
　　　Wǒ shénme shíhou shàng yǔfǎ kè? りますか。

　　答：① 星期二和星期四的第二节。 火曜と木曜の2限目。
　　　　　Xīngqī'èr hé xīngqīsì de dì èr jié.
　　　　❷ 星期一和星期三的第一节。 月曜と水曜の1限目。
　　　　　Xīngqīyī hé xīngqīsān de dì yī jié.
　　　　③ 星期五的第一节和第二节。 金曜の1限目と2限目。
　　　　　Xīngqīwǔ de dì yī jié hé dì èr jié.
　　　　④ 星期六的第一节和第二节。 土曜の1限目と2限目。
　　　　　Xīngqīliù de dì yī jié hé dì èr jié.

"星期一、星期三的第一节是语法课"を聞き取ります。

35 (9) 問：在日本的时候，我为什么愿意上会话课？ Zài Rìběn de shíhou, wǒ wèi shénme yuànyì shàng huìhuà kè?

日本にいた時、わたしはなぜ会話の授業に進んで出ていたのですか。

答：❶ 因为我喜欢说话。
Yīnwei wǒ xǐhuan shuōhuà.

話すのが好きだから。

② 因为能和留学生一起练习。Yīnwei néng hé liúxuéshēng yìqǐ liànxí.

留学生と一緒に練習できるから。

③ 因为只能说汉语。
Yīnwei zhǐ néng shuō Hànyǔ.

中国語しか話してはいけないから。

④ 因为老师用汉语上课。
Yīnwei lǎoshī yòng Hànyǔ shàngkè.

先生が中国語で授業をされるから。

"因为我喜欢说话"を聞き取ります。

36 (10) 問：上个星期六我去哪儿了？
Shàng ge xīngqīliù wǒ qù nǎr le?

先週の土曜日わたしはどこに行きましたか。

答：① 上街买东西了。
Shàng jiē mǎi dōngxi le.

買い物をしに街に出た。

② 去公园了。
Qù gōngyuán le.

公園に行った。

③ 去博物馆了。
Qù bówùguǎn le.

博物館に行った。

❹ 去动物园了。
Qù dòngwùyuán le.

動物園に行った。

"我和几个同学一起去了动物园"を聞き取ります。

95

## 筆 記

### 1

解答：1. (1)❷ (2)❹ (3)❶ (4)❷ (5)❸ 2. (6)❶ (7)❹ (8)❷ (9)❸ (10)❶

1. 発音　声調の組み合わせ：2音節の単語の声調パターンが身に付いているかどうかを問うている。初級中国語の学習では声母や韻母に注意が行き，声調がついおろそかになりがちです。単語を覚えるときは，声調もしっかり身に付けましょう。

(2点×5)

(1) 农村 nóngcūn
　　（農村）
　　① 规定 guīdìng　　（規定する）
　　❷ 文章 wénzhāng　（文章）
　　③ 积极 jījí　　　　（積極的だ）
　　④ 广播 guǎngbō　　（放送する）

(2) 校园 xiàoyuán
　　（キャンパス）
　　① 介绍 jièshào　　（紹介する）
　　② 准备 zhǔnbèi　　（準備する）
　　③ 汽水 qìshuǐ　　 （サイダー）
　　❹ 特别 tèbié　　　（特別だ）

(3) 石头 shítou
　　（石）
　　❶ 头发 tóufa　　　（頭髪）
　　② 力气 lìqi　　　 （力）
　　③ 艺术 yìshù　　　（芸術）
　　④ 喜欢 xǐhuan　　 （好きだ）

(4) 以外 yǐwài
　　（…のほか）
　　① 记者 jìzhě　　　（記者）
　　❷ 礼物 lǐwù　　　 （贈り物）
　　③ 权利 quánlì　　 （権利）
　　④ 洗澡 xǐzǎo　　　（入浴する）

(5) 故乡 gùxiāng
　　（故郷）
　　① 研究 yánjiū　　　（研究する）
　　② 政府 zhèngfǔ　　（政府）
　　❸ 上班 shàngbān　 （出勤する）
　　④ 热情 rèqíng　　　（熱意）

2. **発音　声母・韻母のピンイン表記**：漢字で表記された単語を正確に発音しピンイン表記と一致させることができるかどうかが問われています。その単語を正確に発音できるかどうかは，ピンインによるチェックが効果的です。　　　　　　(2点×5)

(6) 活動（体を動かす）
　　❶ **huódòng**　　② huódōng　　③ huádōng　　④ huádòng

(7) 加强（強化する）
　　① qiāqiáng　　② jiāqiǎng　　③ qiāqiǎng　　❹ **jiāqiáng**

(8) 暖和（暖かい）
　　① nuǎnhe　　❷ **nuǎnhuo**　　③ nuánhe　　④ nuánhuo

(9) 长城（万里の長城）
　　① Chángchén　　② Chāngchéng　　❸ **Chángchéng**　　④ Chāngchén

(10) 要求（要求する）
　　❶ **yāoqiú**　　② yàoqiū　　③ yàoqiú　　④ yāoqiū

## 2

解答：(1)❶　(2)❷　(3)❸　(4)❶　(5)❷　(6)❹　(7)❹　(8)❶　(9)❹　(10)❷

**空欄補充**：空欄に入る語はいずれも文法上のキーワードです。　　　(2点×10)

(1) 我在教室里捡了一（　把　）钥匙。　　わたしは教室で鍵を1本拾いました。
　　Wǒ zài jiàoshì li jiǎnle yì bǎ yàoshi.

　　❶ 把 bǎ　　② 支 zhī　　③ 条 tiáo　　④ 本 běn

> 量詞（助数詞）の問題です。①"把"はとってやにぎる箇所がある物を，②"支"は筆記具など棒状の物を，③"条"は細長い物を，④"本"は冊子になっている物を数えるのに用います。鍵を1本ずつ数えるときは，①の"把"を使います。

(2) 暑假回老家的时候，（　见到　）了很多小学同学。　　夏休みに田舎に帰った時，多くの小学校の頃の友人と会いました。
　　Shǔjià huí lǎojiā de shíhou, jiàndàole hěn duō xiǎoxué tóngxué.

　　① 见面 jiànmiàn　　❷ 见到 jiàndào　　③ 会合 huìhé　　④ 会面 huìmiàn

97

いずれも「会う」という意味を持つ動詞ですが，①"见面"と④"会面"は「動詞＋目的語」の離合詞ですので，後ろに目的語を取ることができません。③"会合"は「合流する，落ち合う」という意味です。②の"见到"が正解です。

(3) 立春以后，到野外散步的人多（ 起来 ）了。　立春を過ぎると，郊外へ散歩
　　Lìchūn yǐhòu, dào yěwài sànbù de rén duōqilai　に行く人が増えてきました。
　　le.

　　① 回来 huilai　　② 上来 shanglai　　❸ 起来 qilai　　④ 下来 xialai

　　複合方向補語の問題です。①"回来"は「元に戻ってくる」，②"上来"は「上ってくる」，③"起来"は「まっすぐ上に向かう」，④の"下来"は「下ってくる」ことを表します。そのうち③は派生的用法として「…しはじめる」という意味に使われ，これが正解です。

(4) 参加晚会的孩子们都穿（ 得 ）很漂亮。　夕べの集いに参加した子供たちは
　　Cānjiā wǎnhuì de háizimen dōu chuānde　みんなきれいに着飾っています。
　　hěn piàoliang.

　　❶ 得 de　　② 过 guo　　③ 地 de　　④ 了 le

　　助詞の問題です。①"得"は補語を導く，③"地"は連用修飾構造を作る構造助詞，②"过"は経験を表す，④"了"は完了を表す動態助詞です。様態補語を導く助詞は"得"なので，①が正解です。

(5) 她（ 对 ）日本的茶道很感兴趣。　彼女は日本の茶道にとても興味が
　　Tā duì Rìběn de chádào hěn gǎn xìngqù.　あります。

　　① 跟 gēn　　❷ 对 duì　　③ 往 wǎng　　④ 和 hé

　　介詞（前置詞）の問題です。①"跟"は「…と」と動作の相手を，②"对"は「…に対して」と動作の対象を，③"往"は「…へ」と移動の方向を，④"和"は「…と」と動作の相手や，比較の対象を示す介詞です。「…に対して」という意味の介詞フレーズを作る②を選ぶのが適当です。

(6) （ 如果 ）有什么问题，请给我打电话。　もしなにか問題があれば，わたし
　　Rúguǒ yǒu shénme wèntí, qǐng gěi wǒ dǎ　に電話してください。
　　diànhuà.

① 而且 érqiě　② 不但 búdàn　③ 为了 wèile　❹ 如果 rúguǒ

　　①"而且"②"不但"は累加を表す接続詞，③"为了"は目的を表す介詞，④"如果"は仮定を表す接続詞です。この文は仮定文ですので，④を選ぶのが適当です。

(7) 再见！有机会欢迎你（ 再 ）来。　　さようなら。機会があればまた来
　　Zàijiàn! Yǒu jīhuì huānyíng nǐ zài lái.　　てください。

　① 又 yòu　　② 更 gèng　　③ 都 dōu　　❹ 再 zài

　　副詞の問題です。先に条件を述べ，「それがかなってから…する」というときには④の"再"を使います。①"又"と④"再"は反復を表す副詞ですが，これから行われる動作に用いる副詞は"再"ですので，④が正解です。②"更"は「さらに」，③"都"は「すべて」で，どちらもここでは使えません。

(8) 请您看（ 一下儿 ），您的名字这么写对不　　ちょっとご覧ください，お名
　　对？ Qǐng nín kàn yíxiàr, nín de míngzi zhème　　前はこのように書いてよろし
　　xiě duì bu duì?　　いでしょうか。

　❶ 一下儿 yíxiàr　　　　　② 有点儿 yǒudiǎnr
　③ 一点儿 yìdiǎnr　　　　④ 一会儿 yíhuìr

　　動詞の動量補語の問題です。動詞の後ろに置いて「ちょっと…する」という意味を表す①"一下儿"を選びます。②"有点儿"「いささか」は副詞ですので動詞の後には用いることができません。③"一点儿"「わずかな」，④"一会儿"「しばらく」はいずれも「少し」という数量詞で，動詞の後に用いることができますが，"一点儿"はわずかな量を，"一会儿"は短い時間を表しますので，ここでは使えません。"一下儿"の"下儿"は本来回数を表す量詞で，「動作＋"一下儿"」の形で軽い動作を表します。

(9) 绝对不能（ 一边 ）看手机，（ 一边 ）　　絶対に携帯電話を見ながら車を
　　开车。Juéduì bù néng yìbiān kàn shǒujī,　　運転してはいけません。
　　yìbiān kāichē.

　① 因为…所以… yīnwei…suǒyǐ…　　② 越…越… yuè…yuè…
　③ 虽然…但是… suīrán…dànshì…　　❹ 一边…一边… yìbiān…yìbiān…

99

① "因为…所以…"は「…なので，それゆえに…だ」（因果関係），② "越…越…"は「…であればあるほどますます…だ」（相関関係），③ "虽然…但是…"は「…だけれども，しかし…」（逆接関係）。「…しながら…する」（並列関係）という意味を表す④の"一边…一边…"が正解です。

(10) 明天10点开会，请千万（别）忘了。　　あす10時に会議です。くれぐれ
Míngtiān shí diǎn kāihuì, qǐng qiānwàn bié　も忘れないように。
wàng le.

① 不 bù　　❷ 别 bié　　③ 没 méi　　④ 要 yào

"千万"という副詞は主に「…するな」という禁止の副詞"别"や"不要"の前に置かれます。したがって正解は②の"别"です。①"不"は「…しない」，③"没"は「…しなかった」，④"要"は「…しそうだ」。

## 3

解答：1.(1)❸ (2)❸ (3)❶ (4)❹ (5)❹ 2.(6)❷ (7)❶ (8)❹ (9)❸ (10)❷

1. 日文中訳（語順選択）：文法上のキーワードを含む基本的な文を正確に組み立てることができるかどうかを問うています。　　　　　　　　　　　（2点×5）

(1) この種のものはあの店で買うのが一番安い。

① 这种东西买在那家店最便宜。

② 在那家店买最便宜这种东西。

❸ 这种东西在那家店买最便宜。
　　Zhè zhǒng dōngxi zài nà jiā diàn mǎi zuì piányi.

④ 买在那家店最便宜这种东西。

「この種のもの」が主語ですから，"这种东西"を文頭に置きます。「あの店で買う」は"在那家店"を連用修飾語として"买"の前に置きます。したがって，③が正解です。

(2) わたしは来月の試験の準備をしなければならない。

① 我准备得下个月的考试。

② 我得下个月的考试准备。

❸ 我得准备下个月的考试。Wǒ děi zhǔnbèi xià ge yuè de kǎoshì.
④ 下个月的考试得我准备。

> "得"は助動詞ですから主語"我"の後ろ，動詞"准备"の前に置きます。したがって，③が正解です。

(3) この料理は少しも辛くない。
❶ 这个菜一点儿也不辣。Zhège cài yìdiǎnr yě bú là.
② 这个菜也辣不一点儿。
③ 这个菜也不辣一点儿。
④ 这个菜不一点儿也辣。

> 「少しも…でない」という強調表現は"一点儿也不…"という語順になりますから，正解は①です。

(4) 彼女はきっと卒業旅行に参加するだろう。
① 她会一定毕业旅行参加的。
② 她一定会毕业旅行参加的。
③ 她会毕业旅行一定参加的。
❹ 她一定会参加毕业旅行的。Tā yídìng huì cānjiā bìyè lǚxíng de.

> "会…的"で「…するだろう」という意味を表します。「きっと」という意味を表す副詞"一定"は助動詞"会"の前に置かれます。「卒業旅行に参加する」は"参加毕业旅行"です。したがって，正解は④です。

(5) 飛行機の中でもインターネットができるそうだ。
① 听说也可以上网飞机上。
② 听说飞机上也上网可以。
③ 听说上网也可以飞机上。
❹ 听说飞机上也可以上网。Tīngshuō fēijī shang yě kěyǐ shàngwǎng.

> 「インターネットをする」は"上网"。助動詞"可以"（…できる，…してかまわない）は動詞"上网"の前に置かれます。「飛行機の中」は"飞机上"です。これは連用修飾語ですから述語動詞の前に来ます。したがって，正解は④です。

2. 日文中訳（語順整序）：与えられた語句を用いて正確に文を組み立てることができるかどうかを問うています。　　　　　　　　　　　　　　　（2点×5）

(6) 今年の夏は去年よりずっと暑い。

今年的夏天　④ 比　① 去年　③ 热　［ ❷多了 ］。
Jīnnián de xiàtiān bǐ qùnián rè duō le.

> 比較して差がどうであるかをいう文は「A +"比"+ B +形容詞+その差」の語順で並べますので、正解は②です。

(7) わたしは財布を盗まれた。

我的　④ 钱包　［ ❶被 ］　③ 偷　② 了。
Wǒ de qiánbāo bèi tōu le.

> 受け身文の語順は「主語（動作の受け手）+受け身を表す介詞（ここでは"被"）+［実行者］+動詞」の順に並べますので、正解は①です。

(8) 横からまた車が現れた。

③ 旁边　① 又　［ ❹出现了 ］　② 一辆　汽车。
Pángbiān yòu chūxiànle yí liàng qìchē.

> 存現文のうち、出現を表す文です。語順は「場所+出現を表す動詞（ここでは"出現"）+出現するもの」です。"又"は副詞ですので動詞の前に来ます。したがって、正解は④です。

(9) わたしはずっとあなたが彼女を知っていると思っていた。

我　② 一直　① 以为　［ ❸你 ］　④ 认识　她。
Wǒ yìzhí yǐwéi nǐ rènshi tā.

> 動詞が"以为"、目的語が"你认识她"です。副詞"一直"は動詞の前に置きます。したがって、正解は③です。

(10) 部屋の中の要らないものを捨ててしまいなさい。

［ ❷把 ］　① 屋子里　④ 不要的　③ 东西　都扔了吧。
Bǎ wūzi li bú yào de dōngxi dōu rēngle ba.

> "把"構文です。"把"構文は、「主語+介詞"把"+"把"の目的語+動詞…」の順で並べていきます。ここでは命令文なので主語は省略されていて、文頭に介詞"把"が来ますので、②が正解です。

102

## 4 長文読解

解答：(1) ❸ (2) ❶ (3) ❸ (4) ❹ (5) ❷ (6) ❸

**空欄補充と内容理解**：まとまった内容をもつ長文を正確に理解しているかどうかを、キーワードを正しく空欄に補充させることによって問うています。

　　去年夏天，我和几个朋友去德国旅行。[(1)刚]到的那天，大家兴致很高，都想找个餐馆好好儿地吃一顿，尝尝这里的菜和有名的德国啤酒。

　　我们去了一家很有名的餐馆，里面客人很多。坐下以后，发现周围的人要的菜都很少。旁边儿的好像是一对夫妻，桌子上只摆着一个盘子，里面放着两种菜，另外有两杯啤酒。旁边儿一桌是几位老太太在吃饭，她们一起点菜。每个菜上来以后，分到每个人的盘子里，一会儿就吃没了。

　　我们每个人都拿起菜单点菜，点了很多。[(2)除了]啤酒以外，[(2)还]要了葡萄酒，摆了满满的一桌子。大家不停地干杯，大口地品尝着异国他乡的美味菜肴，吃得非常高兴。可是，我们要的菜太多了，剩了很多，怎么也吃不了了。我们还没离开，旁边儿的几位老太太走了[(3)过来]，其中的一位用英语说："你们剩了这么多菜，太浪费了。"我听了以后，觉得有点儿可笑，就说："我们自己花钱吃饭，剩不剩和你们有什么关系呀？"几个老太太很生气，一个人马上拿出手机打了个电话。一会儿，一个穿制服的政府工作人员来了。他对我们说："需要吃[(4)多少]，就点[(4)多少]，钱是你们自己的，但是资源是全社会的，世界上有很多人还缺少食物，(6)你们不应该浪费，也没有理由浪费！"说完拿出一[(5)张]罚款单，让我们按规定交罚款。我们脸都红了，都觉得他说得对。

Qùnián xiàtiān, wǒ hé jǐ ge péngyou qù Déguó lǚxíng. [Gāng] dào de nà tiān, dàjiā xìngzhì hěn gāo, dōu xiǎng zhǎo ge cānguǎn hǎohāor de chī yí dùn, chángchang zhèli de cài hé yǒumíng de Déguó píjiǔ.

Wǒmen qùle yì jiā hěn yǒumíng de cānguǎn, lǐmiàn kèren hěn duō. Zuòxia yǐhòu, fāxiàn zhōuwéi de rén yào de cài dōu hěn shǎo. Pángbiānr de hǎoxiàng shì yí duì fūqī, zhuōzi shang zhǐ bǎizhe yí ge pánzi, lǐmiàn fàngzhe liǎng zhǒng cài, lìngwài yǒu liǎng bēi píjiǔ. Pángbiānr yì zhuō shì jǐ wèi lǎotàitai zài chī fàn, tāmen yìqǐ diǎn cài. Měi ge cài shànglai yǐhòu, fēndào měi ge rén de pánzi li, yíhuìr jiù chīméi le.

Wǒmen měi ge rén dōu náqǐ càidān diǎn cài, diǎnle hěn duō. [Chúle] píjiǔ

103

yǐwài, hái yàole pútaojiǔ, bǎile mǎnmǎn de yì zhuōzi. Dàjiā bù tíng de gānbēi, dà kǒu de pǐnchángzhe yìguó tāxiāng de měiwèi càiyáo, chīde fēicháng gāoxìng. Kěshì, wǒmen yào de cài tài duō le, shèngle hěn duō, zěnme yě chībuliǎo le. Wǒmen hái méi líkāi, pángbiānr de jǐ wèi lǎotàitai zǒule guolai , qízhōng de yí wèi yòng Yīngyǔ shuō: "Nǐmen shèngle zhème duō cài, tài làngfèi le." Wǒ tīngle yǐhòu, juéde yǒudiǎnr kěxiào, jiù shuō:" Wǒmen zìjǐ huā qián chī fàn, shèng bu shèng hé nǐmen yǒu shénme guānxi ya?" Jǐ ge lǎotàitai hěn shēngqì, yí ge rén mǎshàng náchū shǒujī dǎle ge diànhuà. Yíhuìr, yí ge chuān zhìfú de zhèngfǔ gōngzuò rényuán lái le. Tā duì wǒmen shuō: "Xūyào chī duōshao , jiù diǎn duōshao , qián shì nǐmen zìjǐ de, dànshì zīyuán shì quánshèhuì de, shìjiè shang yǒu hěn duō rén hái quēshǎo shíwù, nǐmen bù yīnggāi làngfèi, yě méiyǒu lǐyóu làngfèi!" Shuōwán náchū yì zhāng fákuǎndān, ràng wǒmen àn guīdìng jiāo fákuǎn. Wǒmen liǎn dōu hóng le, dōu juéde tā shuōde duì.

訳：去年の夏，わたしは数名の友達とドイツに旅行に行った。到着したその日，みなおおいに盛り上がり，レストランを見つけておおいに食べ，当地の料理と有名なドイツビールを味わおうと誰もが考えた。

　わたしたちが有名なレストランに行くと，中は多くの客だ。座席につくと，周りの人々が注文する料理の少なさに気づいた。近くのどうやら夫婦らしいカップルのテーブルにはわずか1皿，皿には2種の料理が盛られているだけで，他にビールが2杯。近くのテーブルでは数人のお婆さんたちが食事中で，一緒に料理を頼んでいた。料理が来るごとに，それぞれの皿に分け，すぐに食べ終えてしまうのだった。

　わたしたちはそれぞれメニューを手に取って，たくさん注文した。ビールのほかに，ワインも頼んで，テーブルは一杯になった。皆はしきりに乾杯し，むしゃむしゃと異国のおいしい料理を存分に味わい，食事を心ゆくまで楽しんだ。しかし，わたしたちが頼んだ料理は多すぎて，ずいぶん残ってしまい，どうにも食べ切れなくなった。わたしたちがまだ席にいる時，近くのお婆さんたちがやってきて，その中の1人が英語で「こんなに食べ残して，無駄遣いが過ぎますよ」と言った。わたしはそれを聞くと，いささかおかしくなり，「自分のお金で食べているのですから，残そうと残すまいと，皆さんとなんの関わりもないでしょう」と言った。お婆さんたちは腹を立て，1人がすぐに携帯電話を取りだし電話をかけた。しばらくすると，制服を着た役人がやってきた。彼はわたしたちに，「必要な分だけ頼んでください，お金はあなたがたのものでも，資源は社会のものなのです，世界には食べ物が足りない多くの人がいる

のです。(6)浪費はしてはなりませんし，浪費してよい理由もないのです」と言った。言い終えると，罰金の書類を取り出し，わたしたちに規定による罰金を支払わせた。わたしたちはすっかり顔を赤らめた，彼の言ったことは正しいと思ったのである。

(1) 空欄補充 (3点)

① 就 jiù　　② 先 xiān　　❸ 刚 gāng　　④ 又 yòu

　　副詞の使い分けの問題です。ある動作や状態が発生して間もないことを表す副詞③"刚"を選びます。①"就"は「すぐに」，②"先"は「まず」，④"又"は「また」という意味ですので，ここでは不適当です。

(2) 空欄補充 (4点)

❶ 除了…还…　　chúle…hái…　　② 不但…而且…　　búdàn…érqiě…
③ 开始…然后…　kāishǐ…ránhòu…　④ 为了…就…　　wèile…jiù…

　　複文の呼応関係の問題です。ビールとワインを注文したということですので，「…のほかに，さらに…」の意味となる①"除了…还…"を選びます。②"不但…而且…"は「…のみならず…」という意味ですが，これは名詞には用いません。③"开始…然后…"は「最初に…それから…」，④"为了…就…"は「…のために…」で，ここでは選べません。

(3) 空欄補充 (3点)

① 出来 chulai　② 回来 huilai　❸ 过来 guolai　④ 进来 jinlai

　　複合方向補語の問題です。①"出来"は「出てくる」，②"回来"は「戻ってくる」，③"过来"は「やってくる」，④"进来"は「入ってくる」。お婆さんたちはこちらに向かってやってきたのですから，③を選ぶのが適当です。

(4) 空欄補充 (3点)

① 多么 duōme　② 最少 zuì shǎo　③ 这么 zhème　❹ 多少 duōshao

　　疑問詞を連用して「任意のすべて」を表す言い方です。「食べたい分だけ注文する」という意味になります。正解は④の"多少"です。①"多么"は「なんと」，②"最少"は「少なくとも」，③"这么"は「こんな

105

に」で，いずれも動詞"吃"，"点"の目的語にはなれません。

(5) 空欄補充　　　　　　　　　　　　　　　　　　　　(3点)

① 篇 piān　　❷ 张 zhāng　　③ 条 tiáo　　④ 枚 méi

> 量詞（助数詞）の問題です。①"篇"は詩や文章を，②"张"は紙など平らな面を持つ物を，③"条"は道や川など細長い物を，④"枚"は小さな円盤状の物を数えるのに用います。ここで取り出されたのはいわゆる「罰金切符」ですので，②が正解です。

(6) 内容の一致　　　　　　　　　　　　　　　　　　　(4点)

① 因为餐馆里的菜少，所以客人们不多点菜。
　Yīnwei cānguǎn li de cài shǎo, suǒyǐ kèrenmen bù duō diǎn cài.
　レストランの料理が少ないので，客は料理を多く頼まない。

② 我们吃不惯德国菜，所以剩了很多。
　Wǒmen chībuguàn Déguó cài, suǒyǐ shèngle hěn duō.
　わたしたちはドイツ料理が口に合わないので，たくさん残してしまった。

❸ 浪费不浪费，和谁花钱没有关系。
　Làngfèi bu làngfèi, hé shéi huā qián méiyǒu guānxi.
　浪費であるかどうかは，誰がお金を使うかということとは関係がない。

④ 我们虽然交了罚款，但是觉得有点儿可笑。
　Wǒmen suīrán jiāole fákuǎn, dànshì juéde yǒudiǎnr kěxiào.
　わたしたちは罰金を支払ったが，少しばかばかしいと感じた。

> レストランの客が料理をあまり注文しないのは品ぞろえが少ないからではありません。「わたしたち」が料理を残したのはドイツ料理に慣れていなかったからではありません。「わたしたち」は罰金を払い，自分たちの行為を恥じました。したがって，①②④は本文の内容とは一致していません。正解は③です。

## 5 日文中訳（記述式） (4点×5)

(1) 兄は3年前東京に半年ほど住んでいた。

哥哥三年前在东京住了半年左右。
Gēge sān nián qián zài Dōngjīng zhùle bàn nián zuǒyòu.

> 動作・行為の持続時間を表す語は動詞の後ろに置きます。「…ほど」と概数を表すには"左右"を使います。「兄」は"我哥哥"としてもかまいません。

(2) 彼女の中国語の発音は中国人のようだ。
**她的汉语发音好像中国人。**
Tā de Hànyǔ fāyīn hǎoxiàng Zhōngguórén.

> 「…のようだ」は"好像"または"像"を使いましょう。"跟中国人一样"、"像中国人一样"という表現も可能です。

(3) 彼はきのう来たのではなく、おととい来たのだ。
**他不是昨天来的，是前天来的。**
Tā bú shì zuótiān lái de, shì qiántiān lái de.

> ある動作がいつ行われたかをいうには"是…的"構文を使います。否定の場合は"不是…的"となります。

(4) お金があれば、わたしも1個買いたい。
**要是有钱的话，我也想买一个。**
Yàoshì yǒu qián dehuà, wǒ yě xiǎng mǎi yí ge.

> 仮定の表現には"要是…的话"を使います。"要是"の代わりに"如果 rúguǒ"を使ってもかまいません。また"要是／如果"と"的话"のどちらか一方を省略することもできます。「…したい」と願望を表す場合、動詞の前に助動詞"想"あるいは"要"を用います。

(5) 週末わたしは家で休んでいて、どこにも行かなかった
**周末我在家休息，哪儿也／都没去。**
Zhōumò wǒ zài jiā xiūxi, nǎr yě/dōu méi qù.

> 「家」は"家里"としてもかまいません。「どこにも行かなかった」という強調表現は"哪儿也／都没去"とします。事実の否定に使うのは"没"あるいは"没有"です。"哪儿也／都不去"は「どこにも行かない」という意味になりますから、"不"は使えません。

107

# 補充練習帳

日本中国語検定協会のご指導の下に，白帝社編集部で編んだものです。3級の基礎固めにご活用ください。

2音節語の声調の組み合わせ……………………… 110
複文のまとめ………………………………………… 112
日文中訳問題ワンポイント・アドバイス…… 119

## 2 音節語の声調の組み合わせ

中検4級および3級の試験において，これまでに声調の組み合わせを問う問題として出題された単語の一部を整理してみました。各組み合わせ5語のうち初めの3語は名詞，後の2語は動詞または形容詞です。いずれも基本的な語彙ばかりです。繰り返し音読して2音節語の声調の組み合わせを身に付けましょう。

### 1　第1声＋第1声
- 餐厅 cāntīng　　食堂
- 飞机 fēijī　　　飛行機
- 公司 gōngsī　　会社
- 出差 chūchāi　　出張する
- 开车 kāichē　　車を運転する

### 2　第1声＋第2声
- 公园 gōngyuán　公園
- 新闻 xīnwén　　ニュース
- 周围 zhōuwéi　まわり，周囲
- 帮忙 bānmáng　手伝う
- 光明 guāngmíng　明るい

### 3　第1声＋第3声
- 黑板 hēibǎn　　黒板
- 家长 jiāzhǎng　父兄，保護者
- 铅笔 qiānbǐ　　鉛筆
- 开始 kāishǐ　　始める
- 危险 wēixiǎn　　危ない

### 4　第1声＋第4声
- 车站 chēzhàn　　駅
- 工作 gōngzuò　　仕事，業務
- 商店 shāngdiàn　商店，店
- 关照 guānzhào　世話をする
- 亲切 qīnqiè　　親密である

### 5　第1声＋軽声
- 机器 jī·qì　　　機械
- 窗户 chuāng·hu　窓
- 西瓜 xī·guā　　スイカ
- 商量 shāng·liang　相談する
- 舒服 shū·fu　　気持ちがよい

### 6　第2声＋第1声
- 房间 fángjiān　部屋，ルーム
- 毛巾 máojīn　　タオル
- 钱包 qiánbāo　　財布
- 滑冰 huábīng　スケートをする
- 年轻 niánqīng　年が若い

### 7　第2声＋第2声
- 厨房 chúfáng　台所，調理室
- 银行 yínháng　銀行
- 邮局 yóujú　　郵便局
- 学习 xuéxí　　学習する
- 头疼 tóuténg　頭が痛い

### 8　第2声＋第3声
- 传统 chuántǒng　伝統
- 啤酒 píjiǔ　　ビール
- 苹果 píngguǒ　リンゴ
- 游泳 yóuyǒng　泳ぐ
- 明显 míngxiǎn　はっきりしている

### 9　第2声＋第4声
- 环境 huánjìng　環境，状況
- 节目 jiémù　　番組
- 名片 míngpiàn　名刺
- 同意 tóngyì　　同意する
- 流利 liúlì　　流暢である

### 10　第2声＋軽声
- 孩子 hái·zi　　子供
- 名字 míng·zi　名前
- 朋友 péng·you　友人
- 觉得 jué·de　　覚える，感じる
- 便宜 pián·yi　　値が安い

〈軽声について〉 軽声になる音節の前には chuāng·hu（窗户）のように・印を付けてあります。xī·guā（西瓜），fù·qīn（父亲）のように・印の後の音節に声調が付いているものは，その音節が場合によって軽声にも非軽声にも発音されることを示しています。

11 第3声＋第1声
- ☐ 海关 hǎiguān　　税関
- ☐ 老师 lǎoshī　　（学校の）先生
- ☐ 手机 shǒujī　　携帯電話
- ☐ 打工 dǎgōng　　アルバイトをする
- ☐ 主张 zhǔzhāng　　主張する

12 第3声＋第2声
- ☐ 导游 dǎoyóu　　旅行ガイド
- ☐ 法国 Fǎguó　　フランス
- ☐ 感情 gǎnqíng　　感情
- ☐ 解决 jiějué　　解決する
- ☐ 旅行 lǚxíng　　旅行する

13 第3声＋第3声
- ☐ 老板 lǎobǎn　　商店の主人
- ☐ 手表 shǒubiǎo　　腕時計
- ☐ 水果 shuǐguǒ　　果物
- ☐ 洗澡 xǐzǎo　　入浴する
- ☐ 理想 lǐxiǎng　　理想的である

14 第3声＋第4声
- ☐ 比赛 bǐsài　　競技，試合
- ☐ 礼物 lǐwù　　贈り物
- ☐ 领带 lǐngdài　　ネクタイ
- ☐ 访问 fǎngwèn　　訪ねる
- ☐ 满意 mǎnyì　　満足する

15 第3声＋軽声
- ☐ 耳朵 ěr·duo　　耳
- ☐ 口袋 kǒu·dai　　ポケット
- ☐ 眼睛 yǎn·jing　　目
- ☐ 喜欢 xǐ·huan　　好む，好きである
- ☐ 暖和 nuǎn·huo　　暖かい

16 第4声＋第1声
- ☐ 电梯 diàntī　　エレベーター
- ☐ 故乡 gùxiāng　　故郷，ふるさと
- ☐ 面包 miànbāo　　パン
- ☐ 上班 shàngbān　　出勤する
- ☐ 健康 jiànkāng　　健康である

17 第4声＋第2声
- ☐ 课文 kèwén　　テキストの本文
- ☐ 面条 miàntiáo　　うどん
- ☐ 问题 wèntí　　問題，質問
- ☐ 上学 shàngxué　　学校へ行く
- ☐ 复杂 fùzá　　複雑である

18 第4声＋第3声
- ☐ 傍晚 bàngwǎn　　夕方，日暮れ
- ☐ 报纸 bàozhǐ　　新聞
- ☐ 电脑 diànnǎo　　コンピューター
- ☐ 跳舞 tiàowǔ　　ダンスをする
- ☐ 刻苦 kèkǔ　　苦労を重ねる

19 第4声＋第4声
- ☐ 电视 diànshì　　テレビ
- ☐ 饭店 fàndiàn　　ホテル
- ☐ 护照 hùzhào　　パスポート
- ☐ 毕业 bìyè　　卒業する
- ☐ 锻炼 duànliàn　　鍛える

20 第4声＋軽声
- ☐ 父亲 fù·qīn　　お父さん
- ☐ 豆腐 dòu·fu　　豆腐
- ☐ 态度 tài·dù　　態度，ふるまい
- ☐ 告诉 gào·su　　告げる，知らせる
- ☐ 厉害 lì·hai　　ひどい，激しい

111

## 複文のまとめ

複文とは単文に対する名称で，1つの文の中に2つ或いは2つ以上の文（節 clause）が対等の資格で含まれている文（重文 compound sentence 複文 complex sentence）のことである。複文の主な文型と例文を以下に掲げる。

### 1 "又…又…" "既…又…"
yòu…yòu… jì…yòu…
…でもあり…でもある／…であるうえに…でもある。

1. 这孩子又聪明又活泼，谁都喜欢。
   Zhè háizi yòu cōngming yòu huópo, shéi dōu xǐhuan.
   この子は賢くて元気がよいので，誰からも好かれる。

2. 她既会说英语，又会说法语。
   Tā jì huì shuō Yīngyǔ, yòu huì shuō Fǎyǔ.
   彼女は英語はもちろん，フランス語も話せる。

### 2 "有时…有时…" "有时候…有时候…"
yǒushí…yǒushí… yǒushíhou…yǒushíhou…
時には…，時には…。

3. 最近有时下雨有时刮风，天气一直不好。
   Zuìjìn yǒushí xià yǔ yǒushí guā fēng, tiānqì yìzhí bù hǎo.
   このところ雨が降ったり風が吹いたりで，ずっと天気がよくない。

4. 我有时候骑自行车上班，有时候坐公共汽车上班。
   Wǒ yǒushíhou qí zìxíngchē shàngbān, yǒushíhou zuò gōnggòng qìchē shàngbān.
   わたしは自転車で出勤することもあるし，バスで出勤することもある。

### 3 "一边…一边…" "一面…一面…"
yìbiān…yìbiān… yímiàn…yímiàn…
…しながら…する。

5. 现在的孩子总是一边做作业，一边听音乐。
   Xiànzài de háizi zǒngshì yìbiān zuò zuòyè, yìbiān tīng yīnyuè.
   今時の子供はいつも宿題をしながら音楽を聴く。

6. 他们一面挥舞花束，一面高声呼喊。
   Tāmen yímiàn huīwǔ huāshù, yímiàn gāoshēng hūhǎn.
   彼らは花輪を打ち振りながら，大声で叫んでいる。

### 4 "不是…而是…"
bú shì…ér shì…
…ではなくて…だ。

7. 不是我不喜欢她，而是她不喜欢我。
   Bú shì wǒ bù xǐhuan tā, ér shì tā bù xǐhuan wǒ.
   僕が彼女を嫌っているのではなくて，彼女が僕を嫌っているのだ。

8. 他不是不知道，而是装糊涂。
   Tā bú shì bù zhīdào, ér shì zhuāng hútu.
   彼は知らないのではなく，とぼけているのだ。

### 5 "先…然后／后来…"
xiān…ránhòu/hòulái…
まず…して，それから…。

9. 我们先去银行，然后去书店，好不好？
   Wǒmen xiān qù yínháng, ránhòu qù shūdiàn, hǎo bu hǎo?
   まず銀行に行って，それから本屋に行くことにしませんか。

10. 他先学了英语，后来又学了俄语。
    Tā xiān xuéle Yīngyǔ, hòulái yòu xuéle Éyǔ.
    彼は初めに英語を学んで，のちにまたロシア語を学んだ。

### 6 "一…就…"
yī…jiù…
…するとすぐ…，…するやいなや…。

11. 天气一变冷，人就容易感冒。
    Tiānqì yí biànlěng, rén jiù róngyì gǎnmào.
    気候が寒くなると，人は風邪をひきやすい。

12. 上课铃一响，学生就进教室了。
    Shàngkè líng yì xiǎng, xuésheng jiù jìn jiàoshì le.
    始業ベルが鳴ったとたんに，生徒たちは教室に入った。

## 7 "不但／不仅…而且…"
bùdàn/bùjǐn…érqiě…
…だけでなく…だ。

13. 他不但会说中文，而且说得很流利。
    Tā búdàn huì shuō Zhōngwén, érqiě shuōde hěn liúlì.
    彼はただ中国語が話せるだけでなく，話し方がとても流暢だ。

14. 这个工厂的产品不仅质量好，而且价钱也公道。
    Zhège gōngchǎng de chǎnpǐn bùjǐn zhìliàng hǎo, érqiě jiàqian yě gōngdao.
    この工場の製品は品質がよいうえに，値段も公正である。

## 8 "(是)…还是…"
shì…háishi…
…か，それとも…か。

15. 你喜欢喝咖啡，还是喜欢喝红茶？
    Nǐ xǐhuan hē kāfēi, háishi xǐhuan hē hóngchá?
    あなたはコーヒーが好きですか，それとも紅茶が好きですか。

16. 是上午去，还是下午去，你决定吧。
    Shì shàngwǔ qù, háishi xiàwǔ qù, nǐ juédìng ba.
    午前中に出かけるのか，午後出かけるのか，あなたが決めてください。

## 9 "不是…就是…"
bú shì…jiù shì…
…でなければ…だ。

17. 他每天晚上不是看电视，就是打麻将。
    Tā měi tiān wǎnshang bú shì kàn diànshì, jiù shì dǎ májiàng.
    彼は毎晩テレビを見ているか，マージャンをしているかのどちらかだ。

18. 这儿的天气真糟糕，不是刮风就是下雨。
    Zhèr de tiānqì zhēn zāogāo, bú shì guā fēng jiù shì xià yǔ.
    ここの天候はひどくて，風でなければ雨だ。

### 10 "要是／如果…就…"
yàoshi/rúguǒ…jiù…
もし…ならば…。

19. 要是身体不舒服，就不要来开会了。
    Yàoshi shēntǐ bù shūfu, jiù búyào lái kāihuì le.
    もし体の具合がよくないのなら，会議に出なくてもかまわない。

20. 如果你坚持锻炼，身体就会越来越健壮。
    Rúguǒ nǐ jiānchí duànliàn, shēntǐ jiù huì yuè lái yuè jiànzhuàng.
    休まず鍛練を続けるならば，君の体はますます丈夫になるだろう。

### 11 "就是／即使…也…"
jiùshì/jíshǐ…yě…
たとえ…であっても…。

21. 就是你自己去，恐怕也解决不了问题。
    Jiùshì nǐ zìjǐ qù, kǒngpà yě jiějuébuliǎo wèntí.
    たとえ君自身が行ったとしても，おそらく問題を解決することはできないだろう。

22. 即使万一发生意外，也不要手忙脚乱。
    Jíshǐ wànyī fāshēng yìwài, yě búyào shǒumáng-jiǎoluàn.
    たとえ思いがけない事態が生じたとしても，あわてふためいてはいけません。

### 12 "只有…才…"
zhǐyǒu…cái…
…してこそ，はじめて…。

23. 只有自己下水，才能学会游泳。
    Zhǐyǒu zìjǐ xiàshuǐ, cái néng xuéhuì yóuyǒng.
    自分で水の中に入ってこそ，泳ぎを覚えられる。／
    自分で水の中に入らないかぎり，泳ぎを覚えることはできない。

24．只有学而不厌，才能不断增加自己的知识。
Zhǐyǒu xué ér bú yàn, cái néng búduàn zēngjiā zìjǐ de zhīshi.
飽くことなく学んでこそ，不断に自分の知識を向上させることができる。

### 13 "只要…就…"
zhǐyào…jiù…
…しさえすれば…。

25．只要肯努力，就一定能学好。
Zhǐyào kěn nǔlì, jiù yídìng néng xuéhǎo.
努力を惜しみさえしなければ，必ずマスターできる。

26．只要不下雨，我们就按计划进行比赛。
Zhǐyào bú xià yǔ, wǒmen jiù àn jìhuà jìnxíng bǐsài.
雨が降りさえしなければ，わたしたちは予定どおり試合を行う。

### 14 "不管／无论…也／都…"
bùguǎn/wúlùn…yě/dōu…
…にかかわらず…，…であろうとなかろうと…。

27．不管有多大困难，我也要坚持下去。
Bùguǎn yǒu duō dà kùnnan, wǒ yě yào jiānchíxiaqu.
どんなに困難が大きくても，わたしは頑張りぬくつもりだ。

28．无论做什么工作，他都很认真。
Wúlùn zuò shénme gōngzuò, tā dōu hěn rènzhēn.
どんな仕事をするにも，彼は真剣に取り組む。

### 15 "因为…所以…"
yīnwei…suǒyǐ…
…なので，それゆえに…。

29．因为突然降温，所以不少同学感冒了。
Yīnwei tūrán jiàngwēn, suǒyǐ bù shǎo tóngxué gǎnmào le.
急に気温が下がったので，多くのクラスメートが風邪をひいた。

30. 因为没有买到机票，所以他只好坐火车去了。
　　Yīnwei méiyou mǎidào jīpiào, suǒyǐ tā zhǐhǎo zuò huǒchē qù le.
　　航空券を買えなかったので，彼はしかたなく汽車で行った。

### 16 "既然…就／也…"
　　jìrán…jiù/yě…
　　…であるからには，…である以上は…。

31. 你既然不想去就别去了。
　　Nǐ jìrán bù xiǎng qù jiù bié qù le.
　　行きたくないのなら行くのはよしなさい。

32. 他既然如此坚决，我也不便多说了。
　　Tā jìrán rúcǐ jiānjué, wǒ yě búbiàn duō shuō le.
　　彼の決意がそのように固いからには，僕もあまり言うまい。

### 17 "虽然…但是／可是…"
　　suīrán…dànshì/kěshì…
　　…ではあるが，しかし…。

33. 虽然外面很冷，但是屋子里很暖和。
　　Suīrán wàimiàn hěn lěng, dànshì wūzi li hěn nuǎnhuo.
　　外は寒いけれど，部屋の中はとても暖かい。

34. 他虽然嘴上不说，可是心里很不满意。
　　Tā suīrán zuǐshang bù shuō, kěshì xīnli hěn bù mǎnyì.
　　彼は口には出さないが，内心とても不満である。

### 18 "尽管…也／还是…"
　　jǐnguǎn…yě/háishi…
　　…にもかかわらず，やはり…。

35. 尽管问题很多，也有办法解决。
　　Jǐnguǎn wèntí hěn duō, yě yǒu bànfǎ jiějué.
　　問題はいろいろあるが，解決する方法はある。

117

36．尽管困难很大，我们还是顺利完成了任务。
　　Jǐnguǎn kùnnan hěn dà, wǒmen háishi shùnlì wánchéngle rènwu.
　　困難は大きかったが，それでもわたしたちは首尾よく任務を達成した。

## 19 "什么…什么…""谁…谁…"
　　shénme…shénme…　　shéi…shéi…
　　なんでも…／誰でも…。代詞の呼応表現。

37．你想吃什么，我就去给你买什么。
　　Nǐ xiǎng chī shénme, wǒ jiù qù gěi nǐ mǎi shénme.
　　なにか食べたいものがあれば，なんでも買いに行ってあげます。

38．谁有困难，我们就帮谁。
　　Shéi yǒu kùnnan, wǒmen jiù bāng shéi.
　　誰であろうと困っている人がいれば，わたしたちは助けてあげます。

## 20 "越…越…"
　　yuè…yuè…
　　…すればするほど…，…であればあるほど…。

39．她越长越像她妈妈。
　　Tā yuè zhǎng yuè xiàng tā māma.
　　彼女は成長するにつれてますます母親に似てきた。

40．我越来越习惯这里的生活了。
　　Wǒ yuè lái yuè xíguàn zhèli de shēnghuó le.
　　わたしは日ましにここの生活に慣れてきた。

# 日文中訳問題ワンポイント・アドバイス

　3級筆記問題の第5問は日文中訳で，毎回20字前後の日本語の文を中国語に改める問題が出題されています。いずれも文法の基本に沿ったものばかりです。

　今回は2012年度の3回の試験について，問題文と解答例を掲げ，ポイントはどこにあるか，陥りやすい誤りはどこかなどを簡単に記してみました。

## 第77回（2012年6月）

(1) 今晩はこれ以上ワインを飲まないことにした。

　　今天晚上不再喝葡萄酒了。Jīntiān wǎnshang bú zài hē pútaojiǔ le.

> 「これ以上…しないことにした」は"不再…了"です。文末の"了"を忘れないように注意しましょう。

(2) 昨日彼らすべてが報告を聞きに来たわけではない。

　　昨天他们没都来听报告。Zuótiān tāmen méi dōu lái tīng bàogào.

> 「すべてが…したわけではない」は部分否定ですから，"没都…"を使います。全否定なら"都没…"です。

(3) もし今日が日曜日ならば，街はもっとにぎやかなはずだ。

　　今天要是星期天的话，街上会更热闹。
　　Jīntiān yàoshi xīngqītiān dehuà, jiēshang huì gèng rènao.

> 仮定形ですから，接続詞"要是"または"如果"（rúguǒ）を使います。「…のはずだ」は助動詞"会"で表現します。

(4) 彼は料理を速くおいしく作る。

　　他做菜做得又快又好吃。Tā zuò cài zuòde yòu kuài yòu hǎochī.

> 「速くおいしく」のような動詞や形容詞の並列には"又…又…"を使います。"做菜做得…"は単に"做菜…"としてもかまいません。

(5) あの映画は見れば見るほどおもしろい。

　　那个电影越看越有意思。Nàge diànyǐng yuè kàn yuè yǒu yìsi.

> 「…すればするほど…だ」は"越…越…"を使います。"那个电影"は"那部 bù 电影"としてもかまいません。

119

## 第78回 (2012年11月)

(1) この本をカバンの中に入れてください。
    请把这本书放进书包里。Qǐng bǎ zhè běn shū fàngjìn shūbāo li.

> 「入れる」とか「しまう」などの動作性の強い動詞は，客語（目的語）を前置する"把"構文で訳します。

(2) あなたは一昨日の何時に着いたのですか。
    你前天是几点到的? Nǐ qiántiān shì jǐ diǎn dào de?

> 「着く」という動作が完了していることはわかっていて，何時に着いたかを知りたいのですから，"是…的"の構文を使います。

(3) 私は中国語を学んでもう3年になります。
    我学汉语已经学了三年了。Wǒ xué Hànyǔ yǐjīng xuéle sān nián le.

> 「学び始めて3年になる」（学習はまだ続いている）というのですから，"学了三年了"とします。文末の"了"を落としてはいけません。

(4) まず食事をして，それから宿題をしなさい。
    先吃饭，然后再做作业。Xiān chī fàn, ránhòu zài zuò zuòyè.

> 「まず…して，それから…する」は，"先…然后…"とします。"然后"の後に"再"を加えるとより中国語らしい表現になります。

(5) このパソコンは使いやすいだけでなく値段も安い。
    这台电脑不但好用，而且价格也便宜。
    Zhè tái diànnǎo búdàn hǎoyòng, érqiě jiàgé yě piányi.

> 「…だけでなく…だ」という累加関係を表すには，"不但…而且…"を用います。「使いやすい」は"好用"でも"好用"（hǎoyòng）でもかまいません。

## 第79回 (2013年3月)

(1) 周先生は日本に来てもう2年余りになる。
    周老师来日本已经两年多了。Zhōu lǎoshī lái Rìběn yǐjīng liǎng nián duō le.

> 「…してどれだけになる」は「動詞（＋客語）＋時間量＋"了"」の構文を使って表現します。文末に"了"を加えることを忘れずに。

(2) 韓国語がわからないので，彼女に翻訳をしてもらう。
我不懂韩国语，所以请她当翻译。
Wǒ bù dǒng Hánguóyǔ, suǒyǐ qǐng tā fānyì.

> 原因と結果をいう表現ですから，"因为…, 所以…"の構文を使います。上の訳例では文頭の"因为"（yīnwei）を省略しています。

(3) 今日の中国語の授業に山下君はまた遅刻した。
今天的汉语课山下又迟到了。Jīntiān de Hànyǔ kè Shānxià yòu chídào le.

> ここでの「また」はすでに行われた動作が繰り返されることを言っていますので，"又"を使います。

(4) 彼女は車の運転だけでなく，修理もできる。
她不但会开车，而且还能修理。Tā búdàn huì kāichē, érqiě hái néng xiūlǐ.

> 「…だけでなく，…も」は"不但…而且…"を使います。「運転ができる」の「できる」は"会"，「修理ができる」の「できる」は"能"です。

(5) 私は何回も書いてみたが，どうしてもちゃんと書けない。
我写了好几次，怎么也写不好。Wǒ xiěle hǎojǐ cì, zěnme yě xiěbuhǎo.

> 「何回も」は"好几次"，「どうしても…できない」は"怎么也…"の後に不可能の表現を使って表します。「ちゃんと書けない」は"写不好"です。

# 中国語検定試験について

　一般財団法人 日本中国語検定協会が実施し，中国語運用能力を認定する試験です。受験資格の制限はありません。また，目や耳，肢体などが不自由な方には特別対応を講じます。中国語検定試験の概要は以下のとおりです。詳しくは後掲（p.125）の日本中国語検定協会のホームページや，協会が発行する「受験案内」をご覧いただくか，協会に直接お問い合わせください。

## 認定基準と試験内容

| | |
|---|---|
| 準4級 | **中国語学習の準備完了**<br>学習を進めていく上での基礎的知識を身につけていること。<br>（学習時間 60〜120 時間。一般大学の第二外国語における第一年度前期修了，高等学校における第一年度通年履修，中国語専門学校・講習会などにおいて半年以上の学習程度。）<br>基礎単語約 500 語（簡体字を正しく書けること），ピンイン（表音ローマ字）の読み方と綴り方，単文の基本文型，簡単な日常挨拶語約 50〜80。 |
| 4 級 | **中国語の基礎をマスター**<br>平易な中国語を聞き，話すことができること。<br>（学習時間 120〜200 時間。一般大学の第二外国語における第一年度履修程度。）<br>単語の意味，漢字のピンイン（表音ローマ字）への表記がえ，ピンインの漢字への表記がえ，常用語 500〜1,000 による中国語単文の日本語訳と日本語の中国語訳。 |
| 3 級 | **自力で応用力を養いうる能力の保証（一般的事項のマスター）**<br>基本的な文章を読み，書くことができること。<br>簡単な日常会話ができること。<br>（学習時間 200〜300 時間。一般大学の第二外国語における第二年度履修程度。）<br>単語の意味，漢字のピンイン（表音ローマ字）への表記がえ，ピンインの漢字への表記がえ，常用語 1,000〜2,000 による中国語複文の日本語訳と日本語の中国語訳。 |
| 2 級 | **実務能力の基礎づくり完成の保証**<br>複文を含むやや高度の中国語の文章を読み，3 級程度の文章を書くことができること。<br>日常的な話題での会話が行えること。<br>単語・熟語・慣用句の日本語訳・中国語訳，多音語・軽声の問題，語句の用法の誤り指摘，100〜300 字程度の文章の日本語訳・中国語訳。 |

| 準1級 | 実務に即従事しうる能力の保証（全般的事項のマスター）<br>社会生活に必要な中国語を基本的に習得し，通常の文章の中国語訳・日本語訳，簡単な通訳ができること。<br>（一次）新聞・雑誌・文学作品・実用文などやや難度の高い文章の日本語訳・中国語訳。<br>（二次）簡単な日常会話と口頭での中文日訳及び日文中訳など。 |
|---|---|
| 1級 | 高いレベルで中国語を駆使しうる能力の保証<br>高度な読解力・表現力を有し，複雑な中国語及び日本語（例えば挨拶・講演・会議・会談など）の翻訳・通訳ができること。<br>（一次）時事用語も含む難度の高い文章の日本語訳・中国語訳。熟語・慣用句などを含む総合問題。<br>（二次）日本語と中国語の逐次通訳。 |

## 日程と時間割

準4級，4級，3級，2級及び準1級の一次試験は3月，6月，11月の第4日曜日の年3回，1級の一次試験は11月の第4日曜日の年1回実施されます。

一次試験は次の時間割で行われ，午前の級と午後の級は併願ができます。

| 午前 ||| 午後 |||
|---|---|---|---|---|---|
| 級 | 集合時間 | 終了予定時間 | 級 | 集合時間 | 終了予定時間 |
| 準4級 | 10:00 | 11:15 | 4 級 | 13:30 | 15:25 |
| 3 級 | | 11:55 | 2 級 | | 15:45 |
| 準1級 | | 12:15 | 1 級 | | 15:45 |

準1級と1級の二次試験は，一次試験合格者を対象に，一次が3月，6月の場合は5週間後，一次が11月の場合は1月の第2日曜日に行われます。（協会ホームページに日程掲載。）

## 受験会場

全国主要都市に47か所，海外は北京，上海，大連，西安，広州，香港，台北，シンガポールの8か所が予定されています（2016年4月現在）。二次試験は，準1級が東京，大阪，仙台，名古屋，福岡と上海，1級が東京で行われます。ただし，準1級の仙台，名古屋，福岡は，受験者数が10名に満たない場合，上海は5名に満たない場合，東京または大阪を指定されることがあります。

受験申込

郵送かインターネットで申込ます。受験料は次のとおりです。

| 級 | 郵送による申込 | インターネットによる申込 |
|---|---|---|
| 準4級 | 3,100 円 | 3,000 円 |
| 4 級 | 3,800 円 | 3,700 円 |
| 3 級 | 4,800 円 | 4,700 円 |
| 2 級 | 7,000 円 | 6,800 円 |
| 準1級 | 7,700 円 | 7,500 円 |
| 1 級 | 8,700 円 | 8,500 円 |

(2016年4月現在)

出題・解答の方式，配点，合格基準点

| 級 | 種類 | 方式 | 配点 | 合格基準点 |
|---|---|---|---|---|
| 準4級 | リスニング | 選択式 | 50点 | 60点 |
| | 筆記 | 選択式・記述式 | 50点 | |
| 4 級 | リスニング | 選択式 | 100点 | 60点 |
| | 筆記 | 選択式・記述式 | 100点 | 60点 |
| 3 級 | リスニング | 選択式 | 100点 | 65点 |
| | 筆記 | 選択式・記述式 | 100点 | 65点 |
| 2 級 | リスニング | 選択式 | 100点 | 70点 |
| | 筆記 | 選択式・記述式 | 100点 | 70点 |
| 準1級 | リスニング | 選択式・記述式 | 100点 | 75点 |
| | 筆記 | 選択式・記述式 | 100点 | 75点 |
| 1 級 | リスニング | 選択式・記述式 | 100点 | 85点 |
| | 筆記 | 選択式・記述式 | 100点 | 85点 |

・解答は，マークシートによる選択式及び一部記述式を取り入れています。また，録音によるリスニングを課し，特に準1級，1級にはリスニングによる書き取りを課しています。

- 記述式の解答は，簡体字の使用を原則としますが，2級以上の級については特に指定された場合を除き，簡体字未習者の繁体字の使用は妨げません。但し，字体の混用は減点の対象となります。
- 4級〜1級は，リスニング・筆記ともに合格基準点に達していないと合格できません。
- 準4級の合格基準点は，リスニング・筆記を合計した点数です。
- 準4級は合格基準点に達していてもリスニング試験を受けていないと不合格となります。
- 合格基準点は，難易度を考慮して調整されることがあります。

## 二次試験内容

　準1級は，面接委員との簡単な日常会話，口頭での中文日訳と日文中訳，指定されたテーマについての口述の3つの試験を行い，全体を通しての発音・イントネーション及び語彙・文法の運用能力の総合的な判定を行います。10〜15分程度。合格基準点は75点／100点

　1級は，面接委員が読む中国語長文の日本語訳と，日本語長文の中国語訳の2つの試験を行います。20〜30分程度。合格基準点は各85点／100点

---

一般財団法人 日本中国語検定協会
〒102-8218　東京都千代田区九段北1-6-4日新ビル
Tel：０３−５２１１−５８８１
Fax：０３−５２１１−５８８２
ホームページ：http://www.chuken.gr.jp
E-mail：info@chuken.gr.jp

# 試験結果データ（2015年度実施分）

L：リスニング　W：筆記

| 第86回 | 準4級 | 4級 | 3級 | 2級 | 準1級 | 準1級二次 | 1級一次 | 1級二次 |
|---|---|---|---|---|---|---|---|---|
|  |  | L / W | L / W | L / W | L / W | 口試 | L / W | 口試1/口試2 |
| 合格基準点 | 60 | 60/60 | 65/65 | 70/70 | 75/75 | 75 | − | − |
| 平均点 | 73.5 | 68.5/67.2 | 68.4/65.2 | 72.1/57.9 | 67.4/69.8 | 89.8 | − | − |
| 志願者数 | 1,754 | 2,562 | 3,281 | 1,773 | 583 | 150* | − | − |
| 受験者数 | 1,575 | 2,204 | 2,854 | 1,585 | 529 | 138 | − | − |
| 合格者数 | 1,291 | 1,281 | 1,255 | 317 | 148 | 129 | − | − |
| 合格率 | 82.0% | 58.1% | 44.0% | 20.0% | 28.0% | 93.5% | − | − |

＊一次試験免除者を含む。

| 第87回 | 準4級 | 4級 | 3級 | 2級 | 準1級一次 | 準1級二次 | 1級一次 | 1級二次 |
|---|---|---|---|---|---|---|---|---|
|  |  | L / W | L / W | L / W | L / W | 口試 | L / W | 口試1/口試2 |
| 合格基準点 | 60 | 60(55)/60(55) | 65(60)/65 | 70/70(65) | 75/75(70) | 75 | 85/85 | 85/85 |
| 平均点 | 63.9 | 53.7/63.3 | 55.6/59.3 | 62.9/54.4 | 65.7/58.8 | 87.8 | 67.4/66.6 | 87.6/87.7 |
| 志願者数 | 4,026 | 3,882 | 4,172 | 2,365 | 721 | 111 | 364 | 16* |
| 受験者数 | 3,713 | 3,354 | 3,647 | 2,133 | 662 | 99 | 336 | 15 |
| 合格者数 | 2,399 | 1,447 | 1,017 | 403 | 99 | 95 | 15 | 12 |
| 合格率 | 64.6% | 43.1% | 27.9% | 18.9% | 15.0% | 96.0% | 4.5% | 80.0% |

※　合格基準点欄（ ）内の数字は，難易度を考慮して当該回のみ適用された基準点です。

| 第88回 | 準4級 | 4級 | 3級 | 2級 | 準1級一次 | 準1級二次 | 1級一次 | 1級二次 |
|---|---|---|---|---|---|---|---|---|
|  |  | L / W | L / W | L / W | L / W | 口試 | L / W | 口試1/口試2 |
| 合格基準点 | 60 | 60/60 | 65/65 | 70/70 | 75/75 | 75 | − | − |
| 平均点 | 72.6 | 62.9/70.4 | 66.6/61.7 | 62.6/60.0 | 64.6/63.3 | 91.5 | − | − |
| 志願者数 | 1,723 | 3,042 | 3,561 | 1,934 | 602 | 104* | − | − |
| 受験者数 | 1,473 | 2,516 | 2,962 | 1,699 | 538 | 97 | − | − |
| 合格者数 | 1,169 | 1,383 | 1,072 | 333 | 98 | 96 | − | − |
| 合格率 | 79.4% | 55.0% | 36.2% | 19.6% | 18.2% | 99.0% | − | − |

CD-ROM付

中検3級試験問題［第86・87・88回］解答と解説

2016年5月26日　初版印刷
2016年6月1日　初版発行

編　者　一般財団法人　日本中国語検定協会
発行者　佐藤康夫
発行所　白帝社

〒171-0014　東京都豊島区池袋2-65-1
TEL 03-3986-3271　FAX 03-3986-3272
info@hakuteisha.co.jp　http://www.hakuteisha.co.jp/

印刷 倉敷印刷(株)／製本 若林製本所

Printed in Japan　〈検印省略〉　6914　　ISBN978-4-86398-215-4
ⓒ 2016 一般財団法人　日本中国語検定協会
＊定価はカバーに表示してあります。

# C 第　　回　3級　解答用紙

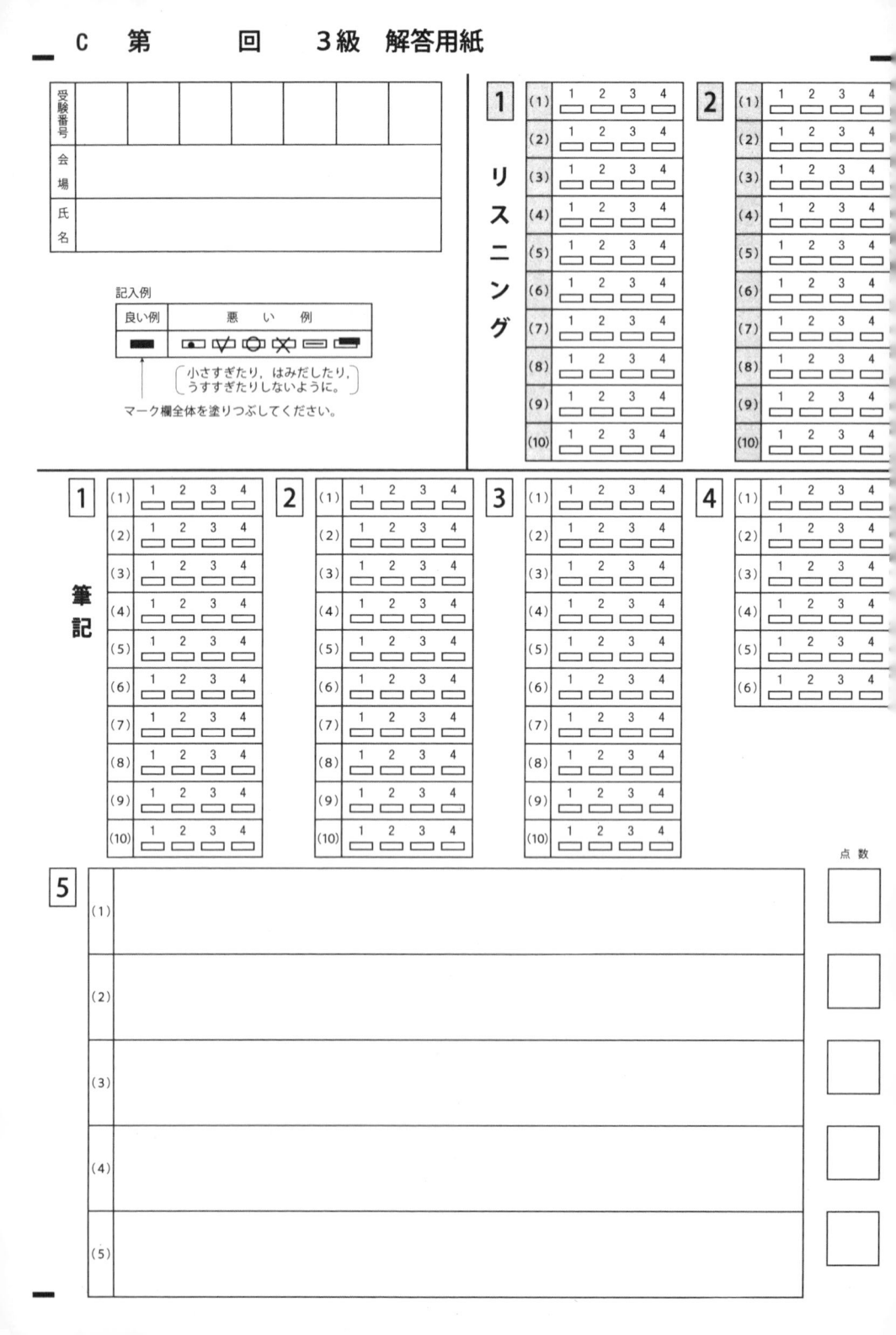

■白帝社出版案内■　　　　　＊価格は本体

## 精選 中国語成語辞典
上野恵司 著　　　　　　　Ａ５変型判　274p.　2000円

現代中国語でよく使われる四字成語3363語を厳選。こなれた日本語と日本語の慣用表現による簡潔な解説。成語解釈の手掛かりとなる成語の構造を明示。筆画索引と，日本語の慣用表現からも引ける「日本語からの索引」付き。

## 精選 中国語重要文例集 ［第２版］
上野恵司 編　　　　　Ａ５変型判　136p.　CD１枚付　1800円

複文を中心に中国語の発想に沿った応用範囲の広い例文を18項目に分類。注釈ノートと日本語訳を付す。文法事項の整理，中文日訳・日文中訳の練習，聴き取りなど多角的に利用できる。

## 精選 中国語基本文例集
上野恵司 編　　　　　Ａ５変型判　192p.　CD２枚付　2000円

動詞述語文，結果補語，主な前置詞とその用法，離合動詞，副詞のいろいろ，比較の表現，兼語式…ほか中国語の発想に沿った応用範囲の広い例文を27項目に分け，訳文と解説を付す。文法事項の整理から聴き取りなど多角的に利用できる。

## 簡化漢字一夕談 ―中国の漢字簡略化―
葉籟士 著　神田千冬 訳編　　　　　　四六判　272p.　2400円

海外華僑向けに中国の簡体字の成り立ちを分かり易く書いた《簡化漢字一夕談》に詳細な訳注と解説・資料を付した。Ｉ．漢字簡略化の話，Ⅱ．中国の簡化字（神田千冬）Ⅲ．資料編：簡化字総表，簡化字繁体字対照表，新旧字形対照表…他。

## 中国語検定３級　一ヶ月でできる総仕上げ
洪潔清・陳敏 著　　　　　Ａ５判　316p.　CD１枚付　2400円

出題頻度が高い項目を中心に，学習者が間違いやすい点を取り上げ，分かりやすい説明と豊富な練習問題を用意。語彙・文法・慣用表現・読解・ヒアリング・総合練習のジャンルに分けた24回の練習。巻末に模擬試験とミニ単語集を付す。

## 中国語検定対策３級・４級　文法編
郭春貴 著　　　　　　　Ａ５判　210p.　1400円

出題の形式と傾向を徹底分析し，中国語文法の特徴に合わせた勉強法と対策をアドバイス。出題されやすい文法を項目別にし，豊富な例文を用いて詳しく解説。項目ごとの練習問題で文法を整理しながら身につけ，模擬問題で実力をチェック。

## 中国語検定対策３級・４級　リスニング編 ［改訂版］
郭春貴 著　　　　　Ａ５判　202p.　CD１枚付　2400円

出題の形式と傾向を徹底分析し，リスニング力を養成する訓練法と試験対策，解答のコツをアドバイス。出題形式に合わせた例題を設け，中国語の文章の聴き取り方，答えの見つけ方を解説。練習問題で実力を養い，模擬試験でチェック。

白帝社　Tel：03-3986-3271　E-mail：info@hakuteisha.co.jp